读库·御宅学
DUKU·Otakuology

主　　编　徐　辰
策划编辑　洪　韵
责任编辑　蒋映天
美术编辑　郭朝慧
封绘作者　张憬之
审校编辑　薛佳佶
　　　　　吴　胖
责任印制　包伸明
专家审校　夏　里
特约审校　张通才

- 头目战 -
BOSS FIGHT
BOOKS

SUPER MARIO BROS. 3

超级马力欧兄弟3

[美] 艾莉斯·诺尔　著

林延平　译

新 星 出 版 社　NEW STAR PRESS

"头目战"（Boss Fight Books）诞生于美国，以众筹形式出版，迄今已有十余册。每本书均专注于一部经典游戏作品台前幕后的详尽分析解读，执笔者多为业内资深人士。读库御宅学团队将持续引进推出该书系的简体中文版。

献给父亲

目录

按键开始

《超级马力欧兄弟3》（*Super Mario Bros. 3*，以下简称《超马3》）触及了成千上万人的生活——确切地说，超过一千八百万人。对于我们这一整代人而言，《超马3》是去看牙医时玩的游戏，是在操场上讨论个没完的游戏，是到朋友家过夜时通宵打完的游戏。为一睹它的游戏画面，我们愿意看完电影《小鬼跷家》（*The Wizard*）；我们把游戏元素喷在墙上、织到床单上，甚至文在身上；它的背景音乐更是在我们脑袋里回响了整整二十五年之久。一位做游戏设计的朋友总结得最到位："说实话，我不记得没有《超马3》的日子是什么样。对我来说，玩上《超马3》之前的日子根本不存在。"

　　《超马3》是大众怀旧文化的试金石，任天堂关键历史时期的伟大产物，马力欧黄金时代的象征，也是史上宣传力度最大的电子游戏之一。现在的游戏开发者和游戏史研究者都是玩着《超马3》长大的，马力欧凭借这部作品成为游戏史上家喻户晓的角色。

《超马3》对我的生活产生了巨大影响，我很清楚，决定为其写书相当于接受一项挑战。毕竟它是有史以来最受欢迎的游戏之一，而且已经有很多人写过马力欧对于游戏行业乃至整个世界的意义。鲍勃·奇普曼的《超级马力欧兄弟3：顶砖》（*Super Mario Bros. 3: Brick by Brick*）描述了完整的通关流程，但除此之外，尚未有一本书关注过这款游戏的历史、传承及其成为一代杰作的原因。

"我有个大胆猜测，恐怕没几个人仔细分析过为什么《超马3》是他们心目中的最佳游戏，为什么尽管他们打十岁起就再没玩过《超马3》，却依然认为它是最棒的。"亡灵游戏（Necrosoft Games）的掌门人布兰登·谢菲尔德在 Skype 上对我说。他认为《超马3》是款设计精良的游戏，值得大众赞誉。"（但）人们不应该盲目赞美它，"他说，"我觉得任何事物都禁不起盲目崇拜。《超马3》收获了太多盲目的赞誉和千篇一律的评价，我认为人们应该回过头好好地审视它一番。"

这就是我写这本书的目的。开始深入了解《超马3》后，我不禁会想：为什么人人都爱它爱得要命？为什么我也爱它爱得要命？为什么它会如此成功？对每个人来说，这些问题的答案相同吗？

尽人事 听天命

"你能玩到哪一关？"

——《森喜刚》（*Donkey Kong*）开场白（1981 年）

这是我最久远也最珍贵的记忆之一：我和父亲一起坐在小房间里，四岁的小手握着大得不相称的 NES（Nintendo Entertainment System，任天堂游戏机 Family Computer 的美版名称，日版简称 Famicom 或 FC）手柄，控制屏幕上的马力欧勇闯《超马 3》第 1-1 关。父亲向我耐心解释怎样跳如何跑，又有哪些砖块可以顶开。我至今都记得经过一番努力，终于吃到第一颗蘑菇后的那份激动和自豪。

　　了解《超马 3》的基本操作之后，父亲就带着我玩其他游戏。我坐在他腿上，和他一起嘲笑《触手也疯狂》（*Day of the Tentacle*，又译《疯狂时代》）中那些愚蠢可笑的触手怪，一起解决《神秘岛》（*Myst*）中那些匪夷所思的谜题，一起冲过《毁灭战士》（*Doom*）中那些黑暗通道。但唯有《超马 3》让我们流连忘返。

　　我始终记得父亲的教导："永不放弃，全力以赴。"他在长达一年的时间里与《超马 3》的酷霸王周旋，为我树立了榜样。

九十四簇灌木伴随着音乐在屏幕上翩翩起舞，非常可爱，尽管（或是正因为）它们的脸上只长着一双大眼睛。一大一小两簇灌木组成一对，就像四十七对灌木母子趁着风和日丽在草原之国游玩。若是没有白色城堡顶端不断闪烁的"救命"字样，以及护城河桥上紧张巡逻的卫兵，一切都很美好。

《超马3》的首张世界地图对初入蘑菇王国的玩家来说是一次友好的入门体验。整张地图的内容都显示在同一屏，能直观地看到位于右下角的目的地。像素小人马力欧甩动小胳膊小腿飞快地走来走去，比音乐、树丛和巡逻中的锤子兄弟都要快。酷霸王卷土重来，这回还带着酷霸小子们做帮手，必须得有人阻止他。马力欧已经准备好了，你呢？

靠近点端详《超马3》的地图界面，一眼就能发现它与以往作品之间的差别。遍布于不同关卡中的金币还是熟悉的模样，可那些蘑菇状的图标是什么玩意？从《超级马力欧兄弟》（*Super Mario Bros.*，以下简称《超马1》）和《超级马力欧兄弟2》（*Super Mario Bros. 2*，以下简称《超马2》）里我们已经知道蘑菇是个好东西，因此这些大号蘑菇状房子立刻吸引了我们的目光。那两个是城堡吗？你走向地图另一端不停闪烁"救命"字样的白色城堡，但一座城堡（看上去和《超马1》里的城堡很类似）独自坐落在地图中央，挡住去路。到达第一个城堡居然要过四个关卡！这到底是什么鬼游戏，马力欧经典的"过三关，进城堡"设计去哪儿了？

●

我母亲仍然用"任天堂"来指代"电子游戏"。这个游戏业巨头背后有一个历经起伏却始终保持谦逊的故事，就像民间流传的任天堂座右铭"尽人事，听天命"（也是公司名字的含义），或是我父亲那句"永不放弃，全力以赴"一样。

任天堂的前身是山内房治郎于1889年在京都开设的一个木质结构小摊位，售卖手工制作的花札。之后的一个世纪里，任天堂一边继续卖花札（如今还在卖），一边尝试其他业务，诸如速食米、出租车，甚至钟点制情侣酒店，但最终他们还是回归老本行——售卖游戏和玩具。

1985年，任天堂在美国市场迎来了一次重大转折。就在两年前，一场名为"雅达利冲击"（Atari Crash）的大灾难将整个美国游戏业拖入谷底。那场臭名昭著的崩盘事件过后,零售商普遍觉得电子游戏和呼啦圈一样,不过是昙花一现的玩物。

任天堂并未退缩,反倒迎难而上。当时他们的家用主机在日本销量颇佳,1981年在美国街机市场上市的《森喜刚》(又译《大金刚》)也大获成功。日后成为大英雄的马力欧在这款游戏中首次亮相 [当时他还叫"跳跳人(Jumpman)"],而游戏的创造者——年轻的美术师宫本茂也崭露头角。在任天堂的太空射击游戏《雷达》(*Radar Scope*)折戟沉沙于美国市场后,富有童心的幻想家宫本茂临危受命,负责制作一款适用于《雷达》街机框体的替代游戏。他献给世人的神来一笔,便是轰动一时的《森喜刚》。

1985年,任天堂将FC带到美国市场,改名为NES,由于雅达利冲击带给零售商的惨痛记忆尚未远去,新名字刻意回避了"电子游戏"这个称谓。然而就算改了名字,这台主机也没在1985年一月和六月的国际消费电子展(当时最大的新型电子产品展会)上激起多大浪花。记者和零售商在展会上尽情嘲笑任天堂竟然试图复苏这个行将就木的产业。与此同时,调查显示大多数孩子讨厌NES主机。

任天堂北美公司(Nintendo of America,以下简称"北美任天堂")总裁荒川实的下一步棋十分大胆。他放手一搏，决定直接将 NES 主机投放到纽约市——全美最凶险的玩具市场。我和时任北美任天堂品牌管理副总裁的盖尔·蒂尔登谈起当年这个决策时，她借用弗兰克·西纳特拉的歌词解释道："只要能在那儿获得成功，任何地方都不在话下（If we could make it there, we could make it anywhere）。"NES 的首发护航作品便是宫本茂的《超马 1》（1985 年），它开创了横版卷轴式平台跳跃这一全新游戏类型，引入数量空前的关卡、绚丽多彩的画面，并沿用了《森喜刚》开创的马力欧打败反派救公主这一经典模式。

北美任天堂在"大苹果"（即纽约）那三个月的状态一言以蔽之，便是"大干快上"。整个小团队夜以继日地向一家接一家零售商推销 NES 主机，去商店布置卖场展架，邀请各路名人在店内玩 NES 主机进行宣传。北美公司的员工严格践行着日本母公司的格言，而创始人山内房治郎的曾孙、时任任天堂公司总裁的山内溥时常会说："别相信什么'尽人事，听天命'之类的话，努力奋斗是没有止境的。"

整个团队努力工作的成果渐渐显露。1987 年圣诞节期间，NES 主机总是刚到货就被抢购一空，这很大程度上归功于《超马 1》的高人气。其间《纽约时报》（*New York Times*）曾撰文称："对于那些八到十五岁之间的美国男孩来说，没有一台任天堂游戏机就像没有棒球棍一样。"两年后，任天堂占据了百分之九十二的市场份额，整个美国用来购买玩具的支出中有百分之二十三花在任天堂的产品上。

原先向朋友介绍自己工作的公司时，蒂尔登要逐个字母拼出任天堂的英文名，然而就在一夜之间，这个名字家喻户晓。凭借每年高达一百五十万美元的人均利润，任天堂一跃成为日本最赚钱的公司。"我们确实在经营公司和品牌上下了不少苦功夫，"蒂尔登说，"就像看着自己的孩子慢慢长大一样。'任天堂'这个名字的意思是'努力工作，命运就会向你微笑'，当然，它还有其他一些解释，但这一条是主要理念。大家都努力工作，为获得成功而开心。"

在接下来几年里，任天堂和马力欧将主宰整个游戏业。舞台已经搭建好，只等这位业界巨人的下一款巨作登场了。

●

不在一起玩《超马3》时，我就会看着父亲玩，也不管是不是该睡觉了。我坐在他那张柳条摇椅旁的地板上，看他在木头飞船上穿行，加农炮和弹头杀手则满屏飞舞。父亲最近告诉我，他之所以对这款游戏那么着迷，是因为总想看看后面会有什么样的世界和关卡，他还非常讨厌酷霸王，将打败他当成自己玩下去的巨大动力。

父亲经常玩到后半夜。要是耗得太晚，母亲会叫我去睡觉，我则任由她把我抱回屋里，等上一刻钟，再偷偷溜到楼梯最下层的秘密观察点——对面走廊上的一个相框能完美反射出小屋里的电视画面。我会坐在台阶上，披着毯子看父亲玩上几小时，默默为他加油，或是在他又一次失败、懊恼地摔手柄时捂住双眼。我很崇拜父亲，即使他过不了关，我也觉得他是世界上最棒的玩家。不过我的好日子很快就结束了，有一天我坐在楼梯上睡着了，父母很快明白了我在干什么，便取下了那个相框。

直到最近，我才告诉父亲："我见你摔过几次手柄，是在被朱盖木和大嘴鱼折腾到快崩溃的时候。"

"不会吧，艾莉斯，为什么会被你看见啊？"他问道，"我一直没发现。"

"你为什么摔手柄啊？"

"嗯，你懂的。"

"什么意思？"我问。

"大家都知道我抓狂过几回。"

父亲是个好强的人，用他的话来说就是输不起。一项名为"优势识别"的个性测试结果显示，他眼中的世界只有输和赢。我的测试结果则是"成就型"。在我看来，整个世界并不是一场比赛，而更像任务清单，上面排满一项项等着我完成的任务。我讨厌竞技性强的游戏，更喜欢《超马3》这种以通关为目标的游戏。

"你最喜欢这游戏哪一点？"我问父亲。

"当然是咱俩能一起玩啦。"他说，"我们都在努力打通这款游戏。倒不是说当时我想在你面前显摆什么的，谁让我的小丫头正瞪大眼睛看着我鏖战大魔头酷霸王呢。"

•

《超马3》于1988年在日本发售，1990年登陆北美，顺应了由街机游戏向家用主机独占游戏转变的大潮。这一转变的显著标志体现在难度层面。早期的街机游戏为了让玩家多投币，难度往往极高，因此一些挑战性很强的游戏现在经常被称作"老式硬派"游戏。现如今，更多的游戏会提供无限次重来的机会，最近有人称之为"游戏结束机制正在慢慢消亡"。

NES主机上以《超马3》为代表的马力欧系列游戏

就是上述转变的缩影。在《超马 3》整个开发过程中，宫本茂一直尽量避免游戏的挑战性一升再升，这点从各种未被采用的游戏内容以及美日版的差别中可见一斑。然而评论家抱怨《超马 3》最多的一点还是游戏难度过高，应该增加存档功能。这也是最后一款没有存档功能的马力欧游戏。同时，游戏加入了如朱盖木的云朵（在早期的美版游戏指南里也叫"龟之云"或者"宝贝云"）这样的道具，可以让玩家跳过关卡，还有非线性的地图界面，某些情况下甚至允许手生的玩家完全跳过高难度关卡。

时至今日，大多数人都认同《超马 3》的吸引力来自恰到好处的难度设置。它将日版《超马 2》对玩家的操作要求与美版《超马 2》的解谜要素结合在一起。早期的马力欧游戏继承了其街机始祖《森喜刚》的玩法设计。"'你能玩到哪一关？'这句话就是一项让人欲罢不能的挑战。"变速箱软件公司（Gearbox Software）的动画指导，《荣誉勋章》（*Medal of Honor*，2010 年版）及《无主之地：前传》（*Borderlands: The Pre-Sequel*）的关卡设计师迈克·罗思表示，"你能拿到多高的分数？你能吃到多少金币？你能把这些分数和金币换成多少条命？你能看到后面那些新世界吗？"

我唯一一次因马力欧感到尴尬，还是由于自己玩得太好了。

　　那时我在读研，有次和女友凯特跑去朋友家参加聚会，他们正在玩一台任天堂游戏机，组织者斯彭斯从公寓地下室里把它翻出来，还接上了高清电视。斯彭斯不断强调在《超马3》里打败酷霸王如何难于登天，尤其对成年人更为棘手，他发觉酷霸王比记忆中厉害多了。

　　"我能试试吗？"我问道。

　　二十分钟后，酷霸王掉入深沟，一命呜呼，我则从牢房里抱得公主归。

　　"哇，"斯彭斯傻眼了，"你玩的时候怎么这么简单？"

　　当时我大概已经有十五年没玩过《超马3》了，不过对这款游戏的肌肉记忆让我仿佛瞬间回到小学二年级。游玩过程中，我太想让凯特和其他人对我刮目相看，却没意识到朋友们希望亲手打败酷霸王，他们喜欢挑战的乐趣，不需要我代劳。不仅如此，我还暴露了自己铁杆马力欧迷的真实身份。

　　"真不敢相信我居然赢了，"我脸一红，赶紧撒了个谎，"运气真好。"

当然，这跟运气没什么关系。我的《超马3》技巧是小时候花大把时间练出来的，从统计数据来看，我已经达到了"专家级"。二十一世纪初，一项关于儿童玩马力欧系列游戏的心理学研究得出过一个令人颇感意外的结论——儿童在独自苦练一段时间后可以成为游戏高手。我的结论则是，朋友们希望游戏难一点，即便是我那常被难到灰心丧气的父亲也是如此。

游戏设计师杰斯珀·尤尔在《失败的艺术：论玩电子游戏时失败的痛苦》（*The Art of Failure: An Essay on the Pain of Playing Video Games*）一书中指出，游戏中普遍存在着所谓"失败悖论"：尽管失败令人不快，但我们往往会选择自己可能失败的游戏来玩。我们不仅乐意在游戏中接受失败，往往还就是想一尝败绩，甚至不先失败几次就无法获得乐趣。一位研究人类游戏时情绪状态的学者妮科尔·拉扎罗总结道："辨别出我丈夫最喜欢的游戏很容易。如果听到他大叫'我恨死这破游戏了'，就意味着他肯定会通关，还会购买续作；如果他没这么说，一小时后就会失去兴趣。"

罗思说自己在用游戏精灵（Game Genie，一种金手指卡）修改《超马3》时就明白了这点，这也是他最早学到的设计知识之一。"当时我用的作弊码叫'月球跳',可以让马力欧一直跳不落地。"他说,"我跳得老高,马力欧都飞出画面了,只能看到整个关卡一路滚动到关底。等到'过关了'的兴奋感过去,我立刻意识到自己根本没在玩游戏,只是在坐着看画面滚动。简言之:小时候用金手指玩《超马3》的经历让我明白,玩游戏,过程和结局同样重要。"

我父亲那种爱摔手柄的人对这点最清楚,失败是让游戏变有趣的关键要素,当然,添加这味调料时也要避免过犹不及。尤尔的研究大部分基于心理学家米哈伊·奇克森特米哈伊在1990年代提出的"心流状态"(Flow State)理论,该理论认为人们通常喜欢难度适中的挑战。太容易会让人厌倦,太难了则会让人产生挫败感。雅达利公司创始人诺兰·布什内尔则将上述理论概括为街机游戏知名的"布什内尔法则":"最好的游戏应当易学难精,除了初次尝试的玩家外,只有投入大量精力的老手才能获得褒赏。"

八岁那年,我的父母离婚,父亲搬去了别的州,但我一直没停止玩游戏。说真的,他搬走后,我反而玩得更多,从《触手也疯狂》玩到《妙探闯通关:大脚之谜》(Sam & Max Hit the Road),又从《超马3》玩到《超级马力欧64》(Super Mario 64,官中译为《神游马力欧》)。

父亲搬走后，每晚八点都会给我和弟弟打电话。有时我跟他说很多话，比如得到一台能玩游戏的新电脑后，就会问他一大堆安装问题。但多数时候我没什么可说的，要么就是正好在做别的什么事。他问我学校怎么样或是最近过得如何，我则会让他赶紧挂电话。有几次我正好在玩游戏，根本无心回答。现在回想起来，我完全能想象他在夜色中独坐屋内，话筒贴在耳边，却听到我只言片语回答时的心情。

●

《超马3》中有很多元素能够促成玩家进入"心流状态"，其中最重要的是关卡设计。和系列前作一样，《超马3》会不断加入新内容，以构建出难题与学习持续交替出现的状态。独立游戏开发者瑞安·马特森曾参与过《生化奇兵2》（*BioShock 2*）等多款游戏的关卡设计，他认为《超马3》的关卡设计体现了一种名为"合理化游戏设计"的概念。每个砖块、力量提升道具和敌人的位置都经过精心设计，确保玩家在充分练习后能够完成各种挑战。《超马3》无需任何教程、说明书或文字提示，仅凭关卡设计便能巧妙而直观地教会玩家如何游玩并精通这款游戏。

以第 1-1 关为例。我记得四岁时玩这关举步维艰，现在则胜似闲庭信步，只需按住 B 键冲刺，来个超级跳跃就过关了。我蹿上天空，在云彩上吃到一颗奖命蘑菇，然后钻进管道，进入隐藏房间吞掉排列成数字"3"形状的金币。《超马3》第一关便已为这款充溢隐藏要素的游戏定下基调。

事实上，游戏评论家都会把《超马1》和《超马3》的第一关奉为玩法教程的典范。这两作第 1-1 关的开头几乎一模一样：玩家与一只栗子小子同时接近一组画着问号的砖块。要是你跳跃的时机不对或是没跳起来，就会知道这只栗子小子可不好惹；要是起跳后撞到砖块上弹回来，正好砸在栗子小子头顶上，就会发现能踩死它。在《超马3》中，超级蘑菇接踵而至，其后则是一根管道，从中伸出一朵吐火球的火焰吞食花，教玩家如何躲避攻击。

接下来就更有趣了。下一个画着问号的砖块位于地面上，旁边是一只啫库啫库（绿壳乌龟），这些傻傻的家伙会在整个蘑菇王国巡逻。跳过去踩死啫库啫库，一脚踢走它的壳，不论有心还是无意，龟壳总会击中那个问号砖块。如果之前你吃到过本关第一颗超级蘑菇，砖块里就会冒出一片树叶，缓缓飘落。这便是《超马3》

在玩法上的革新。

"想撞开那个砖块需要一点高级技巧,"马特森说,"很多第一次玩马力欧游戏的人遇到它时可能不会那么操作,反而会纳闷:'等一下,这个问号砖块怎么在地上?我平时都是跳起来用头顶,这下该怎么撞开它?'于是那些花时间弄懂游戏机制的人很快就会想到用龟壳去撞。"

玩家吃到树叶后会变成浣熊马力欧,游戏就此引入飞行主题。继续向右前进,玩家会发现一条长长的"跑道",上面有两只栗子小子和一只啪嗒栗子小子(即长翅膀的栗子小子),这就是游戏引入飞行主题时采用的巧妙手段。这条跑道的尽头有个无底洞,而天空中还飘着一串金币,但它们位置太高了,跳起来够不着,也无法从别的平台起跳或是以其他方式吃到。游戏准备了啪嗒栗子小子、跑道、够不着的金币,冲刺时画面下方写着字母"P"[可能指"Power(力量)"]的力量槽会在充能完毕后发出尖锐音效,这些元素为引导玩家学会飞行做好了铺垫。

"多年以后再捡起这款游戏时,我注意到地上这个问号砖块。虽然知道游戏里有浣熊马力欧,我还真不记得在第1-1关就出现了。"马特森说,"我看着那些高高悬在天上的金币时心想:'他们真的在第1-1关就把浣熊马力欧给加进去了?这也太不可思议了吧!这可是整个游戏的第一关啊，为什么这么早就能用上如此神奇的能力？'玩家有一种理念叫'有手雷赶紧扔'，我猜当时那些游戏设计师也是这么想的：'既然有这么酷的新玩意，不如早点让玩家见识一下吧。'"

据说宫本茂当初特意等到其他关卡完成后才开始制作第 1-1 关，以便在这一教程关卡里教会玩家游戏中需要用到的全部技巧。通过精心设计道具和敌人的位置，第 1-1 关教会了玩家如何跳跃、干掉敌人、收集道具、蹲下、踢走龟壳、冲刺、飞行、钻进管道，以及发现隐藏房间——一切都包含在短短几分钟游戏时间里，没有一句文字提示。"伟大的游戏设计师会力图在不破坏游玩节奏的前提下，将各种游戏机制快速教给玩家。"罗思说。

与续作《超级马力欧世界》（*Super Mario World*）不同，《超马 3》中出现过的所有文本都与叙事相关，其中一些更是意味深长、充满隐喻，例如桃花公主的信、在奇诺比奥的家及小游戏中与奇诺比奥的对话，或是城堡中国王与奇诺比奥的对话等等。当涉及游戏机制时，《超马 3》则通过游戏体验而非文本与玩家交流，比如大地图的设计、画面底部的工具栏，以及冲刺时力量槽的充能反馈。相比如今充斥各种介绍文字的游戏，《超马 3》就像一股清流，在赋予玩家更多能力的同时，让游戏得以保持一丝神秘气息。

小时候，每次弟弟戴维输掉棒球比赛，父亲都会安慰他说玩得开心就好，这才是最重要的。但说真的，如果屡尝败绩，难免灰心丧气。尽管《超马3》不像《洛克人》（*Mega Man*）那样以难度著称，但依然足以让玩家怒摔手柄。因此《超马3》在游戏过程中提供的奖励越来越丰厚，鼓励并告诉那些失败上百次的玩家，他们正在进步、成长、提高，从而令他们越发沉迷其中、欲罢不能。

　　《超马3》的主要奖励是金币，这一系统提供的奖励价值比较低，但胜在俯拾皆是。游戏还会通过金币来鼓励玩家进行探索、引导他们寻找隐藏要素，将游戏机制教给他们，就像第1-1关中那些延伸到天空的金币。另一方面，奖命蘑菇这种高级奖励的位置则经过精心安排，更像陷阱而非奖励。当《超马3》移植到其他主机后，玩家终于可以保存进度，风险显著降低，奖命蘑菇的重要性随之下降，就连"游戏结束"的字样也不再那样可怕。

　　与大地图上巡逻的锤子兄弟发生遭遇战后会有奖励，拼图老虎机、翻牌记忆小游戏同样如此。此外，每关结束后，马力欧都要跳起去顶一个不停闪烁着道具图标的盒子，让玩家有机会获得额外生命，甚至观看一场焰火表演——此处沿用了美版《超马2》老虎机小游戏的机制。继承自街机的积分系统则提供另一种形式的奖励（虽然有点抽象）和比拼方式。

奇诺比奥的家也是首次于马力欧系列中现身。在大地图上，玩家可以使用道具栏保存从奇诺比奥的家、小游戏以及锤子兄弟处得到的各种道具。这一设计对于《超马3》等关卡较多的游戏来说再自然不过，无论是初学者还是高手都有更多策略可选。有些道具可以在关卡中改变马力欧的外形并赋予他特殊能力，另一些则适用于大地图，玩家可以自行决定何时使用。

对现在的玩家来说，《超马3》 [或是《超级马力欧银河》（Super Mario Galaxy）系列，直到今天其中的小游戏仍然层出不穷] 中的小游戏更像是某种聊以取乐的消遣——为这个依赖肌肉记忆而不是拼运气的游戏引入了偶然性因素。宫本茂则将整个系列的持久生命力归功于《超马3》中的小游戏。他在一次采访中提到，其得力助手、《超马3》联合制作人手冢卓志将小游戏加入《超马3》和《超级马力欧世界》，以避免游戏变得太过乏味。宫本茂说："都有点儿强迫症了……好像不加点新元素，前作粉丝就不会买账一样。"《超马3》开发完成后，宫本茂曾暂时禁止团队去折腾小游戏，要求他们集中精力改善游戏玩法。"但如果我们真的不加入任何小游戏，整个系列没准当时就完蛋了。"他说，"这个系列如今依然存在，也许就是因为有段日子我们曾举步维艰。"

●

　　然而，即便用上奖励道具，你也未必能通过第1-4关。这关是展示《超马3》高难度的绝佳例子，完全在高空平台上进行，还引入了全新的自动卷轴机制，迫使玩家以一定速度前进，并熟练掌握跳跃技能。它是整个游戏中最简单的自动卷轴关卡，预示着之后的关卡会有多么可怕。

　　仿佛是为强调马力欧在第1-4关那令人眩晕的高空征程，背景里的云朵还换了个造型——从第1-1关和第1-2关里那些长眼睛的可爱造型变成一种具有催眠效果的漩涡状云朵。之前关卡里的云如层云一般靠近地面，现在马力欧则身处高空，如履薄冰地跃过一朵朵卷云间的万丈深渊。

　　当然，要是觉得第1-4关太难，大可干脆跳过。第1-3关和第1-4关都是可选关卡，但如果想进入奇诺比奥的家（或者想顺道去拿传送笛），可以去玩第1-3关，简单得多。《超马3》允许玩家自行选择面对何种挑战。

事出有因——《超马 3》的前作，日版《超马 2》并未在美国发行，主因是北美任天堂觉得这款游戏太难。如果说《森喜刚》的巨大成功始于《雷达》的失败，《超马 1》的成功始于雅达利冲击，那么《超马 3》的成功则始于任天堂判断出日版《超马 2》会在美国市场失利。

制作《超马 1》时，宫本茂还没考虑过续作，待到受命开发续作时，他已经成为任天堂第四开发部（专门将宫本茂的创意转化为游戏的开发团队）的负责人，没法像《超马 1》时期那样挤出很多时间做开发。因此他的团队并没有开发一款全新游戏，而是遵循街机游戏传统，做了初代游戏的高难度版，内置各种让人猝不及防的机关，例如毒蘑菇和突然出现的野蛮龙卷风。这款游戏以"超级马力欧兄弟 2"为标题在日本发售，由于难度过高、与《超马 1》画面过于类似，北美任天堂拒绝在美国市场以此标题发售该作。

"游戏大师"霍华德·菲利普斯是北美任天堂最早的雇员之一，也是历任公司发言人中给人留下最深刻印象的一位，任天堂内部对日版《超马 2》最响亮的反对声便源自他。他认为好的游戏设计应该带给玩家惊喜，而不是令人前功尽弃的惊吓。

尤尔的研究佐证了菲利普斯的观点。她的一项调查结果显示，玩家在游戏中失利后，通常会归咎于自己玩得不好，而非游戏设计有欠缺。看上去这似乎违反常识——平时犯了错，我们总会怪罪别人，但如果一款游戏难到让广大休闲玩家感到通关无望，可就不好玩了。

因此，为给美国市场打造一款名副其实的《超马1》续作，一位年轻的设计师受命将一款名为《梦工厂悸动恐慌》（*Yume Kōjō: Doki Doki Panic*，又译《梦工厂心跳恐慌》）的游戏进行换皮处理。这款游戏的背景设定于中东风情的幻想世界，和马力欧没有任何关系。换皮之后，1988 年发行的美版《超马2》无论玩法还是画风都与《超马1》大相径庭，本作中玩家可选择扮演马力欧、路易吉、奇诺比奥或是蘑菇公主［即桃花公主，直到 1993 年《耀西的旅行》（*Yoshi's Safari*）发售，任天堂才在美国市场用回此名］。无论选择哪个角色进行游戏，击败敌人的方式都是朝它们扔蔬菜，而不是跳起踩头。

●

父亲相信苦练的力量。小时候我不会用剪刀，学前班老师对父母说我可能无法适应学校课程，父亲便开始每周末带我一起做手工。我在幼儿园被数学难倒后，他为我准备了一套课后补习题（现在家人都打趣说我是就此成为作家的）。弟弟加入一支少年棒球联盟球队后，父亲会和他在院子里花上几小时练习投球技巧。父亲明白，无论数学还是投球，都需要艰苦努力才能获得成功，如果在心理层面望而却步，人们就会觉得它们很难——我对这点也心里有数。

我最近和父亲在电话里聊了好几个小时《超马3》，还提到我对自己的能力越来越缺乏自信，总是担心失败，而且这种忧虑正在影响我所做的一切。

"我要告诉你一些可能连你自己都没意识到的事，那就是你其实信心十足。"父亲告诉我，"你能做好任何想做的事，我相信你自己也心知肚明。归根到底，这就是自信。你知道自己有能力做到，付出全力便没问题。就这么简单。"

●

《超马3》鼓励的是多练习而不是碰运气。只要肯花时间，就能玩好——很适合速通挑战。速通《超马3》需要将每一个固定事件发生的时刻倒背如流，假以时日，玩家便能以惊人的熟练度掌握本作简单的游戏机制。"玩《超马3》就像骑自行车，学会之后就不会再忘了。"

修辞学者阿莉娅·哈基玛撰文道，"只要多加练习，玩家便可将《超马3》烂熟于心，即便闭上双眼或是分心他用，也能轻松过关。"

我非常喜欢《超马3》奖励老玩家的方式，也特别享受记得每关所有砖块位置的感觉，早已熟练到几乎不用看屏幕就能玩下去。

我的其他爱好与之类似。举例而言，我喜欢跑步，想跑得越来越好，只需要经常出去跑步就行。我仍然时常害怕失败，但已明白，只要投入更多的时间和精力应对挑战，就能不断成长进步，这令我心安。井上理在他撰写的任天堂传记《任天堂魔法：打赢电子游戏之战》（*Nintendo Magic: Winning the Videogame Wars*）一书中，提到对任天堂总裁山内溥企业理念的另一种解读："失败时镇定，辉煌时谦逊……未被命运垂顾之时，保持冷静并努力工作；幸运降临之际，继续谦卑并加倍努力。"在我成长的过程中，父亲从不提天赋或幸运之类的话，总是说："永不放弃，全力以赴。"他对未来的看法永远乐观、充满希望，就像《超马3》一样，这种精神对于成就型的人和热爱竞争的人而言，都值得向往。

在现实世界中，失败基本不会让人感到愉悦，对失败的恐惧也会令人无所适从。而父亲的哲学观点让我对这样的状况有所准备，在质疑自己是否已做到最好时给予我自信与希望，在知道自己仍未达到完美时让我保持沉着和冷静。在那些时刻，我还有《超马3》，它和现实世界不一样——只要付出，就会给你回报。这是个我们都希望身处其中的精英社会——一个让我们能无拘无束大展身手的地方。

英雄降临

"你好！最近过得还好吧？我们已经很久没见面了。"

——"来自马力欧的问候"

《超马 3》说明书（1990 年）

"马力欧！马力欧！"身穿蓝色T恤的男子望着天空，一边喊一边挥舞着拳头。很快一个男孩和一个女孩加入一起喊："马力欧！"然后是两个男孩和他们的母亲，越来越多人加入他们的行列，镜头逐渐拉远，我们看到几千人站在一起，高举拳头大喊："马力欧！"随着电吉他一声尖啸，镜头一路拉远、升到太空，原来整个地球上的人都在高喊马力欧的名字，用身体组成一幅巨大的马力欧头像。

　　"他回来了，"《超马3》巨大的黄色包装盒出现在屏幕上，一个低沉的声音随之响起，"只要你开口，游戏就到手。"

　　这则电视广告并未过分夸大全世界对《超马3》的期待。游戏在美国发售时，拷贝严格限量供应，供不应求的情况导致人们疯狂抢购。《超马3》于1990年2月12日在美国发售，仅仅两天就卖出首批二十五万份。其NES版卡带甚至创下了非主机同捆游戏销量的吉尼斯世界纪录。

各种新闻媒体疯狂报道本作铺天盖地的宣传攻势，有时连"任天堂"的名字都会读成"嫩天堂"，它们的观点相同："孩子们都想要这款游戏，父母却根本买不到！"当时的调查显示，在孩子眼中，马力欧比米老鼠更有辨识度。

《超马3》注定会大热。粉丝早就急不可待——日本玩家想玩到与日版《超马2》不同的全新内容，美国玩家则惦记着日版。此时马力欧已经是个名噪天下的英雄角色，但美国玩家仍希望回归《超马1》跳跳踩踩的游戏方式，这一刻，他们已经等了数年之久。

《超马3》正是这样一部粉丝翘首以盼的续作：游戏方式回归《超马1》，更是彼时马力欧系列集大成之作。它继承了初代作品所有优点并加以发扬光大，视觉效果更出色，更富有趣味性。"任天堂爱好者"（Nintendo Enthusiast）网站评论员贾恩卡洛·贝洛托曾概括道："任天堂大部分历史悠久的游戏系列都曾出现过一款发挥全部潜能的作品，这通常也是系列整体素质飙升的转捩点。"贝洛托认为这种情况在 NES 游戏上更突出——例如《塞尔达传说》（The Legend of Zelda）系列或是《密特罗德》（Metroid）系列——任天堂倾向于先在初作中建立一套相对靠谱的机制，再于续作中将其做到极致。《超马3》不仅是马力欧系列，也是任天堂的转捩点。

《超马3》为马力欧系列引入全新元素，以确保游玩时的新鲜感，而非用其他作品换皮，或是复用《超马1》的图像素材。它提供更多关卡、更多隐藏要素、更多强力道具、更多音乐、更多种类的敌人、更多样化的移动方式，以及更加精致的像素画面。本作的新元素数量惊人，其中不少还很超前，比如多人合作及对战模式、主题化的游戏世界、大地图、带冲刺力量槽的状态栏以及道具栏系统。此外，马力欧还破天荒地在同一关卡中游泳和跑跳——不再非此即彼。

　　《超马3》正是宫本茂游戏设计愿景的直观体现——更加灵活、让玩家掌握主导权，比以往任何一款马力欧游戏都更为开放、自由，玩家不论水平高低，均能顺利上手。"如果说日版《超马2》以提升对玩家操作技巧的要求来拉高难度，《超马3》则尝试建立一条渐进且更令人愉悦的难度曲线。"拉斐尔·卢卡斯为"全自动极客"（Geek-O-Matick）网站撰文道。

　　尽管美版《超马2》销量不错，霍华德·菲利普斯依然称其为"荒谬"。"它从骨子里就没有一丁点马力欧基因，从里到外、从头至尾，一切都散乱无章。"菲利普斯说，"但《超马3》整合得相当好，各部分之间的衔接天衣无缝，整款游戏都恰到好处。《超马2》未能做到这一点，因为它既没有马力欧基因，也没像《超马3》那样耗费精力去开发。"

　　宫本茂之所以要自日版《超马2》中抽身而出，就是为了从起始阶段便投身《超马3》的研发工作。他全身心投入到《超马3》的设计之中，一些人视这款游戏为他职业生涯的巅峰之作。

　　"他在这款游戏上投入了大量心力。"菲利普斯对我说，"这款游戏绝无短板……从我看到的早期版本起便是如此……《超马3》的游戏性令我折服，只能充满敬畏地看着宫本先生。此前我心里还有些疑问，不知他之前的游戏是否纯靠运气才获得成功，以他的年纪来开发《超马3》会不会大了点。《超马3》的品质证明：只要不将精力分散到一堆游戏上，而是专注做一件事，他就能展现出高超的眼光和手腕。"

·

　　正是这种魔力创造出这款让千千万万孩子——包括我和戴维这种兄弟姐妹在内——更加亲密的游戏。我和戴维一起长大，都喜欢可动人偶多过芭比娃娃，喜欢运动甚于过家家。我们发明了滑板足球这类游戏，一起在小树林里建造树屋，收集《精灵宝可梦》（*Pokémon*）卡片，发动玩具大战——将所有玩具倒在地上,用全部人偶展开一场正邪大战。乱糟糟的战场上,五颜六色的玩具小人拿着不配套的塑料武器大打出手,上演一幕蝙蝠侠、鲨鱼侠联手 X 战警大战施莱德、达斯·维达和急冻人的好戏。

但比起这些,还是马力欧游戏让我们更加亲密。九、十岁时,我已经不知道自己多少次在《超马3》里蹦来跳去、扔铁锤和摇尾巴了,便决定教会小我四岁的戴维玩这个游戏。他每过一关我都无比骄傲,向他演示那些已经烂熟于心的操作时也特别自豪。

然而一段时间后我发现,教戴维玩就意味着自己玩的时间会变少,便用一种至今仍为家人津津乐道的小把戏解决了这个问题——我骗弟弟说看我玩更有意思,比他自己玩有意思多了。

久而久之,我渐渐习惯了在不同世界一次次穿梭时自带一位观众,这感觉就好像在表演节目。我多了个伙伴,他会在我通过关卡时发出欢呼,在我表现精彩时惊讶地大叫,在我快要失败时紧张地屏住呼吸,在我神奇地躲过敌人后长出一口气。玩到最后,对我而言,戴维的支持已完全胜过最初想把住手柄的执念。

向父亲提到我对弟弟耍的黑心小把戏时,他说弟弟其实很喜欢看我玩,所以也谈不上什么小把戏。他记得戴维为我的游戏技巧折服，心甘情愿坐上几小时看我玩，就像当初我坐在父亲身边看他玩一样。"要说戴维看你玩和你看我玩有什么区别，那就是你总会不停向他介绍各个细节，我则一声不吭。"

听到父母在离婚过程中的各种争吵后，戴维总会把那些话放在心上。他是个敏感的小孩，有时候会跑回房间，扑到双层床的下铺独自哭泣。我知道自己这个做姐姐的该挺身而出安慰他——我应该试着成为他的英雄。

但戴维不怎么喜欢说话，我俩也确实不懂家里到底在发生什么，便干脆一同玩起了电子游戏。我们逃到放着游戏机的房间，关上门，彻底投入《超马3》的世界，一边玩一边讨论。这招真的管用。

•

《超马3》在北美上市时，NES 主机已经推出五年，SNES 主机（Super NES）也在开发之中，任天堂明白本作大卖会助力下一代主机获得成功。对宫本茂来说，则意味着这将是他最后一次在 NES 主机上听到人们为自己钟爱的角色发出欢呼——也是将主机机能推向极致，让它发挥所有潜能的最后机会，用他自己的话讲，就是"（为

NES 主机）提供终极的马力欧"。

因此，《超马3》标志着马力欧系列在家用主机上的第一次技术大革命。本作发售时，八位的 NES 主机已老态尽显，此时世嘉（SEGA）和日本电气（NEC）刚刚公布机能更加强劲的主机，但宫本茂有任天堂硬件工程师的全力协助。盖尔·蒂尔登告诉我，在《超马3》的时代，任天堂的硬件部门和软件部门协同工作。与第三方厂商不同，任天堂第一方开发团队拥有得天独厚的优势，能够推动硬件团队不断开发新技术，将他们的设想变成独一无二的游戏体验。《超马3》就是这种团队合作的绝佳例证。

多项技术的成功研发使《超马3》在游戏容量和画面效果等方面向前迈了一大步。首先，《超马3》使用了一种名为"计算机辅助角色生成设计"（Character Generated Computer Aided Design）的新技术，让游戏图像编程更加高效。与以往逐个像素保存图像的方法不同，这种技术将游戏中要用到的各种图形编号汇集到一个专门的库中；NES 主机通过编号调用各种图形，并在屏幕上将它们实时组合成图像。

其次，《超马3》卡带还内置一个名为"内存管理控制器"（Memory Management Controller，以下简称MMC3）的特殊芯片——有点像后来在 SNES 主机上使用的超级 FX 芯片——它可以实现多种功能，例如分隔屏幕（即允许在屏幕底部设置状态栏）、滚动出现对话，增加动画图块等画面特效（例如砖块上不停移动的问号，或是拼图老虎机小游戏中缩放的卡片图案）。美版《超马2》及稍后发售的 NES 游戏如《星之卡比：梦之泉物语》（*Kirby's Adventure*）均使用了这种芯片。

此外，《超马3》还采用了一项名为"视差卷轴"（Parallax Scrolling）的前沿图像技术，允许以多个重叠的二维图层组成游戏画面。"这些彼此重叠的图层以不同速度滚动，在视觉上创造出一种纵深感。"游戏研究学者马克·J. P. 沃尔夫写道。以这种技术制作的图像既不算 3D，也不是简单的平面 2D——例如在白色长块上蹲下，使你掉到屏幕后方的效果。

设计师迈克·罗思说："看到一款游戏把某个硬件平台榨出更多机能的感觉太奇妙了。直到进入这个行业后，我才意识到这有多么了不起。我十分欣赏人们敢于制作续作的勇气。你必须清楚游戏究竟为何成功，保留能够吸引原有玩家的核心体验，并完成设计迭代。"

尽管新技术如此之多，内存限制依旧制约着马力欧游戏的设计，这种情况一直持续到 1990 年代。"（设计师）必须想办法利用极其有限的资源做出有趣的新东西，如果你在种种限制之下还能做出有意思的东西，成果一定相当了不起。"瑞安·马特森说，"现如今很多人将我们所拥有的机能视为理所应当。"

不过，早期的马力欧开发团队并未把硬件限制看成某种制约，反倒将其视为一种有趣的挑战。宫本茂经常称八位机时代为令人兴奋的时代，他的团队总是设想各种可能性，从不担心有什么事情是自己做不到的。前任天堂开发组成员斋藤明宏指出，日本文化认为设计更像是一种玩乐，将各种约束视为拓展艺术形式的机会，例如紧凑精练的俳句，或是使用简单材料制成的木版画等。换句话说，有限的工具反而能创造出更为复杂精美的作品。

即使在今天，包括雅达利的埃德·弗里斯在内的许多游戏界专家都认为，在种种限制下写代码就像作诗——两者都需要对每一行字斟句酌，严格的限制和缜密的规则能够激发出极富创意的语言和点子。已故任天堂总裁岩田聪曾谈到，早期的限制对于程序员来说甚至是一种乐趣。"现在要是有谁让你用三十字节做点东西，你肯定什么都做不出来。"他在 2015 年去世前的一次采访中表示，"但在过去，我们会想：'天哪，那可是十个数据块啊！'……那时候要是有人对我说：'我碰上了点麻烦，内存不够了。'说真的，听到这话我会很开心。对任何一个程序员来说，要是你能用更少的内存完成同样的工作，绝对值得吹嘘一番。"

设计师也有值得吹嘘的东西。《超马3》是软件代替手工绘制关卡前的最后一批游戏之一。负责地图及角色设计的助理制作人绀野秀树，至今还记得当初如何与设计师江口胜也一起，将描图纸覆盖在方格纸上，不厌其烦地绘制关卡。手绘的美感已浸入他们对艺术细节和多样化的精致追求之中。

　　以第2-1关为例，玩家会立刻感受到二号世界（沙漠之国）和一号世界（草原之国）的美学差异，意识到《超马3》中每个世界的风土人情都有所不同。在第2-1关里，我们被扔进一个不知是金字塔建筑工地还是金字塔遗迹的地方。砖块在阳光下闪闪发光，有些还会自己蹦起来，让我们能享受到从空中往下踩砖块，而非从下方跳起来顶的新乐趣。地面是平坦的沙地，浮在天上的云朵有了新造型，背景中自然也少不了高耸林立的金字塔。第2-2关的场景里增加了沙丘和流沙坑，以及令人眼前一亮的凉爽绿洲。二号世界的第一个城堡也和一号世界中的完全不同。后者有闪亮的地板和天花板，前者则使用了体积更大、沙地质感的灰色砖块。另外，二号世界的城堡里不再有一号世界城堡中的炽热岩浆，取而代之的是长着一张怪脸的咚咚和像幽灵一样到处乱飘的嘘嘘鬼，给人一种古老阴森的感觉，与金字塔的主题十分吻合。

《超马3》不仅美术效果多变，贴图与动画也更加精致。云彩、砖块、树木以及地面，都由简单的几何图形构成——在地面上添加小圆点就能把绿色平面化为草坪，将黄色平面变成沙地。水管和柱子都会投下阴影，马力欧在水下游泳时身边会冒出小小的气泡。游戏还增添了更多细节，如砖块会一闪一闪，金币也有阴影，还会在空中不停旋转（好让你更想跑过去吃掉它），问号砖块上的问号则快速循环滚动，好似赌城里一台台急切等待人们光顾的老虎机。

尽管游戏采用超现实卡通风格，也没什么现实元素，但有些美术设计聪明地采用了具象化手段。比如用金色砖块拼出金字塔和城堡塔楼的形状（分别出现在沙漠之国和天空之国），或是在四号世界（巨人之国）的地图上用花朵取代了灌木作为背景，直观地告诉玩家，这个世界里的花和灌木一样大。

我问菲利普斯《超马3》哪些地方给他印象最深，他的回答是游戏明快的视觉效果和游玩体验。"游戏采用十分明亮的浅色调，让人感觉焕然一新。"他说道，并称卡通风格的黄色包装盒便是例证，"就和吸一口新鲜空气一样……有点像《绿野仙踪》（*The Wizard of Oz*），一切突然间有了色彩，充满了活力。"

瑞安·马特森认为，这一抹亮色还能藉由多变的关卡样式为游玩过程创造出张力。户外场景中鲜艳饱满的翠绿和城堡场景灰暗阴沉色调的对比几乎可说是"触目惊心"，火红的熔岩关卡后则是清凉静谧的地下泉水。

•

马力欧系列游戏中最难缠的敌人便居于这些明亮的世界内，其中大部分是《超马1》和美版《超马2》敌人的变种，例如锤子兄弟的几个亚种（巨锤兄弟、飞旋镖兄弟和火焰兄弟），以及自钢盔甲虫演变而来的扔砖甲虫和啪嗒甲虫。《超马3》里还有些栗子小子的亚种，例如豆丁栗子小子和长翅膀的啪嗒栗子小子。栗子小子是全系列最知名的敌人之一，把它加进《超马1》还是因为测试员反映喏库喏库太难对付。直到《超马1》开发末期，这种香菇状的敌人才进入游戏，目的是给玩家增添障碍，而非构成威胁。栗子小子的日版名字是"クリボー"，意为"板栗人"，英文版的名字"Goomba"很像匈牙利语中的"gomba"一词和意大利语中的"cumpa"一词，前者意为蘑菇，后者在意大利某些方言中是"亲密好友"的俗称。

《超马3》中我个人最喜欢的敌人是嘘嘘鬼和汪汪。《超马3》里的嘘嘘鬼胆子特别小，只在你背对它们时才敢追来；当你直面它们时，则会捂住脸在原地一动不动。嘘嘘鬼的日版名字是"テレサ"——源自日语中的动词"照れる"，意为"害羞"——类似日本民间传说里的人魂，即如一团"鬼火"般的人类灵魂。它的设计灵感来自手冢卓志的妻子。手冢太太在公共场合很腼腆，可一旦手冢先生加班做游戏到很晚才回家，她也会大发雷霆。嘘嘘鬼的美版全名是"嘘嘘鬼迪德利"，致敬蓝调音乐人波·迪德利。

汪汪是长着尖牙齿的黑球形敌人，拴在砖块上，一旦靠近就会朝你扑过来。这种独特敌人的设计灵感源自宫本茂小时候遭遇拴链猛犬的惨痛记忆。他曾打算把汪汪加进早期的《塞尔达传说》游戏中［后来它的确客串了几部，包括《塞尔达传说：众神的三角神力》（*The Legend of Zelda: A Link to the Past*）］，但最后还是觉得它与《超马3》的超现实世界更搭。关于汪汪有个很好玩的彩蛋：如果你大着胆子站在汪汪面前让它冲你扑上四十七次，拴住它的链子将开始闪光，它会在第五十次飞扑时挣断锁链飞走，马力欧若是不巧挡住去路，还会被撞开。

《超马3》中的大部分敌人都有类似汪汪的特质——

有趣可爱，令人过目不忘，像是恶狠狠嚼东西的小小植物，或是傻乎乎的卡邦（背着黑色小壳，一直傻笑的绿色小家伙，它们会从嘴里吐出带刺的铁球，朝你扔过来）。就算是笨手笨脚的喏库喏库也有点可爱。

因此，当敌人角色不再可爱时，游戏就紧张起来。举例而言，火焰吞食花和食人花长得就不可爱，样子挺吓人的。这些可怕的植物和游戏中其他东西都不同——甚至包括山丘和云彩在内——它们没有眼睛，只是些长着叶子的尖牙大嘴怪物，像是从电影《异形奇花》（*Little Shop of Horrors*）里蹦出来的一样。同理，在飞船关和八号世界的关卡里，漫天飞舞的子弹、炮弹、导弹、炸弹基本上也都没有脸，因此它们看上去更加冷酷无情，像是要用比其他敌人更"现实"的方式杀死玩家。

●

虽然和弟弟从小玩着《超马3》长大，但直到最近我才发现，游戏中那些头目们竟然沾亲带故。据说七名酷霸小子的形象源自《超马3》的七位开发成员。尽管他们在游戏中的初始设定是酷霸王之子，后来却改成了孤儿。宫本茂最近表示在马力欧游戏的设定中，七个酷霸小子并非酷霸王的后代，只有在 2002 年发售的游戏《超级马力欧：太阳之光》（*Super Mario Sunshine*）中登场的酷霸王 Jr. 才是酷霸王真正的孩子。

酷霸小子的有趣之处在于其滑稽的个性。他们会踩着马戏团的大球，用夸张的体重把整条飞船震得乱颤，透过超酷的墨镜瞪你。每名酷霸小子的个头、体形、风格和特殊武器都不同，既让游戏更加丰富多彩，也使每个世界的最后一场战斗更显紧要——比起《超马1》又向前迈了一大步，因为《超马1》每场战斗中出现的都是酷霸王或他的同胞兄弟，看上去一模一样。

酷霸小子和《超马3》中许多敌方角色都是由戴夫·布鲁克斯命名的，他当时负责《超马3》和《超级马力欧世界》的本地化工作；还负责录制 1989 年上映的电影《小鬼跷家》中出现的《超马3》游戏镜头，当时本作尚未登陆北美市场。酷霸小子原本在日版游戏中没有名字，后来才沿用了美版的名字。

大概是因为他们握着麦克风形状的手杖，留着朋克风格的发型，美国的本地化团队便借用一些著名音乐家的名字给他们命名：

· 一吉源自伊基·波普
· 拉里源自 U2 乐队鼓手小拉里·穆伦
· 莱米源自摩托头乐队的莱米·凯尔密斯特

- 路德维格源自路德维希·冯·贝多芬
- 莫顿源自歌手及脱口秀主持人小莫顿·道尼
- 洛伊源自罗伊·奥比森（连标志性的眼镜都一模一样）
- 温蒂源自 Plasmatics 乐队主唱温迪·O. 威廉斯

蒂尔登说，酷霸小子的名字曾经让他们烦恼过一阵子，毕竟那些戏仿的真实姓名都不属于任天堂。事实上，在开发过程中确实有一两个名字因此更换过——我猜大概是莫顿，因为他左眼上方有个可疑的星星图案，是根据 KISS 乐队的吉恩·西蒙斯或保罗·斯坦利设计的吗？

《超马 3》本地化团队一直在努力，希望这些敌人的英文名能像日文名一样引发玩家共鸣。三种在《超马 3》中初次登场的敌人咚咚（Thwomp）、奔奔（Boom Boom）、刺球食人花（Ptooie）使用的是拟声词，这种用法在日语里很常见。比如汪汪（Chain Chomps）的日文名"ワンワン"（Wanwan）就是拟声词（后来我们在《超级马力欧 64》里终于听到了它的叫声），喏库喏库的日文名"ノコノコ"（Nokonoko）源自走路时的声响，啪嗒啪嗒的日文名"パタパタ"（Patapata）则是拍动翅膀的声音。咚咚和奔奔是跑动的声音，泡泡怪日文名"プクプク"的发音则是"Pukupuku"，听上去不那么可爱，但是很活泼。

一般来说，日语里的拟声词和拟态词很常见。碰到一只狗时，英语使用者可能会说："那只狗在冲我叫呢。"而在日本，人们通常会说："那只狗在汪汪叫哩。"这样并不会被认为太过孩子气。当然《超马3》中有些采用英语拟声词命名的敌人显得很特别，比如说炸弹兵的英文名"Bob-omb"就是模拟炸弹爆炸的声音，比它的日文名"ボム兵"（Bomu-hei）更接近纯粹的拟声。

●

我弟弟已经不再是小孩了，他现在身高接近一米九，从高中到大学一直担任橄榄球外接手，身材自然相当壮实。他毕业后的第一份工作是环保顾问。有次到他位于亚特兰大的家中做客，我俩和父亲一起坐在他的单身公寓里，打发出门拜访亲友前的无聊时间。这半小时里，还有比玩电子游戏更好的消遣方式吗？

戴维拿起手柄——和他的大手相比，这手柄显得很小巧——启动他的 Xbox One 主机，玩起了《使命召唤》（*Call of Duty*）最新作。屏幕上的游戏画面迅速吸引了我和父亲，我俩看得目瞪口呆。在线多人模式的遭遇战疾如闪电，一个不留神就玩完，干掉你的也不是什么长相可爱的卡通龟，而是一个来自密歇根或韩国乃至世界上任何一个地方的十二岁小孩。对弟弟这种喜欢竞争的人来说，这样的游戏再完美不过了，因为他打败的是活生生的人。

"想玩吗，艾莉斯？"他说完笑着将手柄递过来。

"我可一点都不擅长这个。"我说着，但还是接过了手柄。我玩第一人称射击游戏的水平在 N64 主机的《黄金眼007》（*GoldenEye 007*）里达到巅峰，但即便在当时，我的水平也很一般。

在游玩过程中，我体会到了小时候父亲被我和弟弟催着玩《超级马力欧64》时的感受。我一次又一次饮弹而亡，经常刚复活没几秒又死了。被杀了还不知道子弹从哪儿飞来的，这已经很让人恼火了，更糟的是就算知道自己是怎么死的，却没有足够的技巧来做出防范。根本谈不上进入"心流状态"。"谁在狙击我？"我脑子一刻都停不下来。"那是个手雷吧？""该按哪个键来着？""我的手太慢了！"

这时戴维出手相救，耐心解释我为什么会被杀。每次复活后他都会大声给出提示，没过多久，我被敌人屠戮的时间间隔便从十秒延长到整整一分钟。戴维就这样一点一点教会了我。

●

1990 年那会儿，我们倒是不用担心什么狙击手和烟雾弹，朱盖木和大嘴鱼才是让我们头疼的玩意，我、弟弟和父亲在这两种敌人手下栽的跟头数都数不清。《超马 3》攻略书上对大嘴鱼的介绍很简单："块头巨大、性情凶恶，总想吃人！"后面还加了一句"我们觉得你们肯定不会喜欢大嘴鱼"。这话可太低估它的恶心程度了。大嘴鱼是一种体形巨大的鱼，同泡泡怪一样是红白两色。第 3-3 和第 3-8 两关的地面会周期性沉入水中，它们便在水中巡游，伺机将你一口吞下。这可不是泡泡怪或者栗子小子级别的敌人，它们可以秒杀你，骇人程度堪比岩浆和无底洞。一旦被咬住，你将永远消失在那张大嘴里，简直就是马力欧世界里的大白鲨。

大嘴鱼的设计堪称绝妙，陆地沉入水中后，你将进入那张大嘴的攻击范围，体验到伴随脆弱而来的恐惧感。被吞掉时，你会感觉它就是冲你来的，被一条蠢鱼吞掉实在太丢人了，要是它张开大嘴时你刚好在附近（它还会跳），肯定在劫难逃。要是在你落水时它正好位于画面另一端，你也只有几秒时间完成自救，整个游戏就属这一刻最让人胆战心惊。

你可以把手头所有冰块和龟壳朝大嘴鱼砸过去，心满意足地看着它被砸得肚皮朝天死翘翘的样子，但让人恼火的是，没过多久它又卷土重来了〔不知道是死而复生的同一条大嘴鱼，还是超级大嘴鱼，专门来为它的孩子复仇？就像《贝奥武夫》（*Beowulf*）里格伦戴尔之母为儿子复仇那样吗？〕。更别提冰块可能会刚好在你扔出前融化掉，只见大嘴鱼微微一笑（这是我想象的），一口吃掉你（这可是真的）。

朱盖木同样可怕，这家伙在《超马1》里就出现过，它稳坐高高的云端，朝你头顶扔出一个个绿色的刺球。它扔球的速度比飞船关那些炮弹和导弹都要快，而且轨迹更难预测。这些球体落到地面还会变成壳上带刺的乌龟，让你稳扎稳打过关的计划化为泡影。据宫本茂讲，朱盖木（它的名字在日文中的意思是"长命百岁"，大概是因为它和大嘴鱼一样，被打死后没过多久又复活）是和他本人风格最接近的角色。他认为自己和朱盖木的共同点是"自由自在，无拘无束，天马行空"。尽管人们对宫本茂的印象都是他脑子里充满了孩子气的奇思妙想，但作为《超马3》主设计师，他的每项设计都绝非随意之举。

游戏高手

"探索性、创造性、丰富多彩的世界、充满挑战的体验，《超马3》一应俱全。之后的马力欧游戏自然在《超马3》基础上增加了许多令人惊艳的新鲜元素，但终究只是为一幅完美的油画锦上添花而已。"

——亨利·吉尔伯特
"游戏雷达"（GameRadar）网站

整个《超马 3》开发团队仅由十一人组成：宫本茂和手冢卓志共同担任制作人和主设计师，外加四名设计师和四名程序员，以及作曲家近藤浩治。在长达两年的开发周期里，宫本茂经常没日没夜地在办公室忙碌，加班到深夜是家常便饭。在《超马 3》开发过程中，宫本茂的角色并不仅限于设计师，更多时候他要引领整个团队，为他们指明正确方向，激发出他们的奇思妙想，正如十年前其导师横井军平在开发《森喜刚》时为他所做的一样。

宫本茂带领他的团队努力为人们创造乐趣。他曾经多次表示，自己对设计玩具的兴趣大过设计游戏，也经常用"有趣"来描述自己的设计理念。尽管在角色设计、叙事及硬件研发等方面都居于业界领先位置，但他的设计哲学永远都将可玩性放在第一位。

为了在《超马 3》上实现这一愿景，宫本茂亲自带领手下四名年轻设计师（江口胜也、绀野秀树、木村浩之，以及美版《超马 2》制作人田边贤辅）绘制关卡，直接指出他希望看到的关卡细节，具体到两名敌人之间要放置的砖块数量等。在任天堂官网发布的"岩田聪访谈录"（Iwata Asks）中，江口胜也表示，在与宫本茂一同工作的日子里，自己从他那学会了如何巧施策略展现游戏各方面的内容。"他非常重视游戏给人的第一印象，"江口胜也说道，"如果你按照他说的改，游戏确实更好玩。这种情况数不胜数。"

为《超马3》设计了众多敌人角色的绀野秀树谈到，宫本茂在开发过程中专注于思考"这样做好玩吗"以及"这样做感觉对吗"等问题，并不讨论"马力欧的本质"。举例而言，绀野秀树曾经发愁如何设计豆丁栗子小子，这种体积小巧的敌人会缠住马力欧，让他跳不高。起初，绀野打算让马力欧在被缠住时变沉，动作放慢，但最终效果并不理想。

宫本茂否决了绀野的两个演示方案，他说："虽然你下了很大力气，但不好玩啊。"最后还是他自己想出了解决方案：在马力欧头顶设置一个隐形砖块，一跳就会撞上，不用让他变沉或放慢也能达到目的。"这个解决方案简单至极，我按他说的做了，发现效果真不错。"绀野说，"之后的工作中，但凡遇到类似的麻烦，他总能用截然不同的方法解决掉。"

《超马3》的另一位制作人是手冢卓志，他在马力欧系列的历史上不像宫本茂那样光芒四射，但也为开发团队提供了重要指导，不仅构思出游戏中数个重要创意，还设计了大量可爱的美术形象。"他当时可是想给游戏里所有东西都画上眼睛。"江口胜也在谈到手冢卓志时说。

不过江口也提到，他们严格控制了可爱元素的数量（例如大地图上那些长眼睛、会跳舞的小山包），以便扩大《超马3》的玩家群体，打消人们认为马力欧只面向青少年玩家这一成见。"看看那些原画，（马力欧）确实有点'可爱'，但我们一直都在努力塑造一个所有人都喜爱的英雄形象。"江口说，"当然，说回《超马3》，这游戏有点可爱过头了。现在回头看，我总会想是否应该在某些地方改动一下。"

上传关卡数据的工作必须由四位程序员中的一位完成，所以设计师们每天只有一早一晚两次机会检验自己的设计成果。近藤浩治回忆说，到游戏开发尾声，整个团队都已筋疲力尽，江口胜也随后补充说，是宫本茂的"挑剔"让他们得以继续完善游戏。"宫本先生从不考虑修改游戏的工作量，"江口说，"哪怕只能让游戏强上一点点，他也会毫不犹豫地修改。"

亚马逊游戏工作室高级软件开发工程师詹姆斯·克拉伦登曾经说过："我听过这样一个传闻——当然我希望是杜撰——是关于在任天堂做开发工作的。在任天堂你能听到最恐怖的声音，就是大厅里传来的宫本茂的脚步声。一旦听到他往你这儿走，就意味着他又有了一个新点子，很多已经完成的工作要推倒重来了。"

事实正是如此。人们破解《超马3》的卡带后发现，游戏文件包含大量未使用内容，说明整个团队在开发过程中否决过许多设计方案，包括：

· 两版穿粉色而非蓝色背带裤的马力欧；

· 敌方角色弃用设计，包括金色的泡泡怪和能高速移动的绿色啪嗒甲虫；

· 一幅钉轮状图像、一幅推进器状图像、一幅用于大地图的骷髅头图像，以及城堡中所获魔法球的另一版设计图像；

· 一幅滑行的锤子马力欧图像（锤子马力欧在正式版中不能滑行，大概是因为设计团队更希望玩家蹲在山坡上，以躲避敌人扔来的火球）；

· 弃用小游戏，包括骰子和卡牌游戏，庄家不再是奇诺比奥，换成了锤子兄弟和喏库喏库；

· 一幅漂亮的粘土城堡图像，用于大地图。

卡带数据还包含一些弃用关卡，有些看上去像是现有关卡的初稿或高难度版，这或许说明初期构想中的游戏难度比成品更大。

这类关卡大部分是专门为开发者准备的，以便他们测试游戏中的各种机制。这些关卡都相当怪异。例如，在其中一个弃用关卡里,马力欧需要从瀑布逆流而上,而在另一关中他还能进入太空;有些关卡不可能打通,因为根本没出口。游戏卡带中还有一些灰色的关卡、绿色的城堡,以及内含粉色天空或成堆云朵平台的关卡。此外,还有在奖励房间里塞满狸猫服的关卡,七号世界里还有锤子兄弟(正式版就移除了),五号世界著名发条鞋关卡的早期版本,以及一个结合了水下及天空两种地形、并包含秘密出口的关卡。

●

《超马3》的设计师还把一样东西留在了卡带里——本应由于空间限制砍掉的双人模式。双人过关加对战的机制使《超马3》成为马力欧系列主线产品中首款在家用机平台提供合作(或对战)功能的游戏。如果说和弟弟的手足之情因为教他玩游戏而得以加深,我和好友埃琳则是因为在《超马3》的双人关卡里互相拆台而更加亲密。

埃琳是大一时随机分配给我的室友。我俩第一次通电话,就在计划该给寝室添点什么摆设:谁出镜子,谁带地毯等等。

"好,现在要说正事了,"我对她说,"我打算把我的 N64 主机带来。"

"太棒了!"她答道,"那我也把我的 SNES 主机带来,不过我没游戏,一直蹭邻居家的。"

"我有很多很多游戏!"我告诉她,"我把它们全带来!"我俩的友谊就这样开始了。共同生活的第一年里,我们一起玩过很多游戏,但打得最多的还是《超马3》——尤其是对战模式。这个模式实际上是基于1983年发售的街机游戏《马力欧兄弟》(*Mario Bros.*)精心设计的小游戏。对战模式的关卡包括三层平台,最高层有两根水管,不断喷出螃蟹、苍蝇和刺虫。取胜之道在于把对手推向这些敌人,从下方顶或是从上方踩都能让对手暂时动弹不得,更简单的方法则是直接撞击写有"POW"字样的砖块,晃动整个房间,让对手毫无防备地面对扑来的敌人。

没什么比在《超马3》对战模式中落败更令人沮丧了。尽管你可能已经习惯被马力欧游戏里的巨型大猩猩、巨型乌龟或是从水管里冒出来的巨型植物蹂躏,但在对战模式中,也许你马上就可以踩死一只昆虫得分,却因为朋友胆敢去顶"POW"砖块而功亏一篑,这感觉可就截然不同了。《超马3》对战模式往往会让你和朋友翻脸。

同时期的部分游戏可能也对《超马3》的设计产生过一定影响。《勇者斗恶龙》（*Dragon Quest*）、《最终幻想》（*Final Fantasy*），以及《塞尔达传说》等1980年代后期的游戏，都出现了可供玩家探索的庞大世界，以及充满史诗感的故事。当宫本茂着手制作《超马3》时，《塞尔达传说2：林克的冒险》（*Zelda II: The Adventure of Link*）几乎立刻出现在他的脑海里（他正同时制作这两款游戏），后者同样融合了俯视视角的图块状大地图（与《超马3》大地图相似，但后者探索性更佳）和以横版卷轴视角呈现的村镇探索、战斗，以及迷宫。

　　继《超马1》之后，童话故事和迪士尼电影也继续影响着《超马3》。宫本茂说，他设计出让马力欧变大的蘑菇，正是受《爱丽丝梦游仙境》（*Alice in Wonderland*）的启发，这种蘑菇在《超马3》中，尤其是在所有东西都变成超大尺寸的四号世界里戏份更多。此外，酷霸小子的飞船和《彼得·潘》（*Peter Pan*）里铁钩船长的飞天海盗船很像，之后在《超级马力欧64》最后一个世界"彩虹之路"里也有登场。

　　不过，对《超马3》影响最大的还是它的前辈。尽管美版《超马2》并不是正统的马力欧游戏，却是宫本茂最喜欢玩的马力欧系列作品。"（美版《超马2》）给人的感觉完全不同，"宫本茂在接受IGN网站采访时说，"我们对这部作品处理得比较宽松，还真做出了不少有趣的东西。"

虽然看上去不尽相同，日版和美版的《超马2》都在《超马1》和《超马3》之间架起了桥梁。《超马3》吸收了《超马1》与日版《超马2》的游戏风格与机制，同时采用了与美版《超马2》相近的美术风格、图像及更加开放的关卡设计。我们能从《超马1》、美版《超马2》和《超马3》中体会到延续性，大概是因为任天堂开发四部的部分成员都参与过两款，甚至全部三款游戏的开发。此外，美版《超马2》和《超马3》可能是同时进行开发的，正如乔恩·欧文在他的书《超级马力欧兄弟2》（*Super Mario Bros. 2*）中所言，美版《超马2》在美国上市仅仅两周后，《超马3》便在日本发售了。

《超马3》延续了美版《超马2》重视世界构建的特点。尽管《超马1》已经包含了多个特点鲜明的世界，也均以城堡为终点，但这些世界并没有独特的主题或名字。关于这些早期世界的设计，威廉·奥迪罗在他的著作《马力欧的历史》（*The History of Mario*）中介绍道："它们都是时代的产物，那时候的游戏设计师仍以关卡为单位进行思考，脑海中并无完整世界或是游戏宇宙的概念；

各个关卡之间的联系通常毫无逻辑，无非是每四关安插一个堡垒，这种情况在当时非常普遍。"与日版《超马2》不同，美版《超马2》迈进一大步，设计出多变的世界，如沙漠世界、冰雪世界、天空世界和绿草世界——很接近之后《超马3》诸世界的主题，而这些主题的特色在《超马3》中将更加鲜明。此外，能够在同一关卡内重走来时路，再次探索已完成地区这一特点，也是由美版《超马2》引入马力欧系列中的，为《超马3》中出现的各种隐藏要素及探索要素埋下了伏笔。

最后，正如欧文所说，美版《超马2》所做的实验为《超马3》开启了新的可能性。他在谈及美版《超马2》时曾指出："游戏中拥有不同能力的角色，或许正是《超马3》中各种力量提升服装的灵感来源。"

●

相比前作，《超马3》在美术和技术层面均实现了大幅跨越，令人印象深刻，但它绝非两者的简单组合。两者融为一体后，游戏发生了某种难以捉摸的变化。詹姆斯·克拉伦登曾说过，《超马3》的开发者创造了一种"条理清晰、浑然一体的游戏体验——一种'核心循环'机制，将游戏各个部分紧密连接在一起，相互成就"。

　　举例而言，《超马3》的道具系统在当时算不上独一无二，但与其他包含道具系统的游戏相比，其中各种可用道具与游戏美术风格及叙事这两方面的联系更为紧密。"在《阿历克斯小子奇幻世界大冒险》（*Alex Kidd in Miracle World*）中，玩家可以购买能量手镯，在某一关中让所控角色从拳头中射出激光，或使用旋翼飞机来代步，但这些道具本身与游戏世界并无太多联系。"克拉伦登举例说道。而《超马3》给予玩家的道具，不论是五号世界里绿色的栗子鞋、锤子服，还是朱盖木的云朵，都像是从敌人那偷过来的武器或者能力一样，令玩家感到欣喜——与1993年发售的游戏《星之卡比：梦之泉物语》中卡比吸收敌人力量的能力类似。

　　在《超马3》中，各种小游戏也与本体的其他元素紧密相关，例如像轮盘赌一样的拼图老虎机、依靠记忆匹配正确图案的翻牌游戏、奇诺比奥的家，以及让我和埃琳爱到死去活来的双人对战模式，这些小游戏还会让你想起整个系列的历史，甚至是任天堂的老本行花札生意。克拉伦登还提到，虽然那时很多游戏都有奖励关，"但相比奇诺比奥的家或是翻牌游戏中马力欧游戏的标志性图案，《红狐冒险》（*Psycho Fox*）里的'幽灵之腿'（ghost leg）小游戏与作品整体体验非常割裂。还有《超级酒保》

（*Tapper*）里神秘的面具调酒师，他只在奖励关中出现，平时根本见不到。"

对迈克·罗思这样的设计师而言，《超马3》的统一性不言而喻。"为什么《超马3》经得起时间考验？这个问题有太多答案。"他说，"但对我们这些设计师来说，真正的答案'一切都是魔法'恐怕没那么容易接受。在《超马3》里，没有任何一种机制或体验能够被确切定义为令玩家欲罢不能的核心要素。吃金币？显然不是。扔火球？也许吧。不过你绝对没法否认，当所有玩法融合到一起后，产生了一种纯粹且不可抵挡的乐趣。正是这种乐趣超越了硬件的技术限制，让《超马3》在新主机与新游戏不断涌现之际，仍能傲立潮头。"

关于《超马3》的游戏性，霍华德·菲利普斯曾经说过："它会让你感到自己就是游戏高手。这恰恰不是所有游戏都能做好的——为了体现难度，大部分游戏都会增加些新鲜要素，然后在玩家适应新要素的阶段加以惩罚。《超马3》可不会这么做，它会告诉你：'好啊，既然你是个技巧娴熟的马力欧游戏玩家，那就开始吧。所有惊喜都将美妙无比，我们还会额外授予你控制尾巴和飞上天空之类的能力。'这些新鲜玩意并不会使原本的技巧日渐生疏，反而让你登峰造极。"

想要在二号世界那令人抓狂的太阳关卡里成为高手，着实需要一番苦练。在地图上看到这关时，你就会意识到不太对劲，因为它的图标上没有数字，取而代之的是沙地状图案。这关很容易让人心存畏惧，并痛恨画面左上角的愤怒太阳（在孩子们的笔下，这个位置的太阳往往代表天气晴朗），它一遍遍猛扑下来蜇你（或是要融化你？），仿佛是要展示在广袤的沙漠中，酷热有多么致命。

　　躲避这颗恶毒太阳的最佳策略就是有多快跑多快。不过这个计划很容易被不知从何处冒出来的风暴搅黄：你正循直线快速向前奔跑，却被风暴顶回，落入恐怖太阳的行进轨道。算好跳跃时间，便能一跃飞越风暴，直达关卡结尾，但无论玩多少次，风暴来袭的那瞬间，你的大脑很容易一片空白。按键加速直到力量蓄满，抓准时机跳起，越过风暴飞上天空，安全落回地面时，距离关卡结尾只有一步之遥。这种感觉，可谓万中无一。

《超马 3》玩起来之所以感觉特别棒，是因为它完美
融合了能带来绝佳"游戏感"的一切要素，这种感觉仅
能意会，不可言传。从本质上来说，游戏感就是在数字
空间里移动角色时的感受；换言之，这是一种控制的感
觉——设计师史蒂夫·斯温克在他的著作《游戏感受》
(Game Feel) 中将其描述为"操纵虚拟物体时产生的触
觉及运动知觉"。他认为可以将游戏感理解为一种"无
形的艺术"，或是"游戏创作中常被忽视的部分"，但
它可能是游戏中最重要的元素。卓越的游戏感会使整个
游戏变得有趣，因为它让玩家掌控一切，沉浸于体验之中，
伴随着符合预期且响应明确的游戏机制，玩家稳步提升
技巧，直至精通游戏。

　　斯温克认为，在宫本茂的游戏中，有趣的游戏感通
常源自游戏本身的简单明了。"（宫本茂）注重游戏艺
术风格给人的感觉，将其视为一种复合的美学体验，"
斯温克在书中说，"曾经有段时间，在业界占主导地位
的软件工程师都喜欢复杂的写实主义隐喻，诸如被黑洞
的引力俘获或是驾驶宇宙飞船降落在月球之类；宫本茂
则从新奇和天真的角度出发进行创作。他只是单纯地想
做有趣且色彩斑斓的游戏，往里面塞上许多异想天开的

角色，而且很好玩。"此外斯温克还认为，宫本茂设计游戏的整体理念——将硬件和游戏手柄的规格与游戏软件有机结合——创造出优异的游戏感，这点从《超马3》的"祖父"《超马1》就开始了。

《超马1》里的操控判定更宽松，响应更迅速，也不需要特别精准，这让马力欧的动作比在《森喜刚》里细腻不少，不再那么僵硬。举例而言，在《森喜刚》中，马力欧的跳跃曲线十分僵硬，还没法在空中做调整；而在《超马1》里，他的跳跃更加细腻：跳跃键按得越久，马力欧就跳得越高，起跳后还可以在半空中移动。到《超马3》时，游戏又引入了一种全新的跳跃机制——踩一下敌人头顶，就能跳得更高。对《超马3》这样一款重视探索的游戏来说，更为灵活多变的操控显然必不可少，任何一个先玩过《超马3》的人（包括我）都会觉得，对比之下《超马1》中的操作更显迟缓。

在《超马3》中，马力欧的移动方式更加细腻多变：会跑、会滑、会飞、会扫尾、会砸地、会扔锤、会蛙泳，还会扑腾双臂缓缓下落——仅靠NES手柄上寥寥几个按钮竟足以实现如此多不同的行动方式。同时，游戏的操控也并非与《超马1》完全不同，而是对原有方案优化重组，置入全新环境中供玩家体验。"玩家会不断因关卡设计感到挑战，只能持续改进自己的操作技巧，"克拉伦登指出,"例如学会在带刺的天花板落下时赶快跑开,熟练掌握跳跃技巧,精确把握起跑时间;此外游戏还给予玩家安全的缓冲地带,让他们试用狸猫服。"

斯温克对《超马3》声音及视觉效果的评价是"精雕细琢",它们同样使人们在游玩时备感舒心。游戏的美术和动画细节——无论是无敌马力欧那帅呆了的前空翻跳跃,还是在地图上不同关卡间走来走去的锤子兄弟,甚至马力欧在跑动过程中突然转身时扬起的尘土,以及砖块碎开的爆裂声和动画——都为《超马3》玩家营造出身临其境的效果。

游戏在物理效果方面同样如此。《超马3》的物理效果十分细腻,细到有专门的规则来决定撞掉问号砖块后蘑菇怎样冒出来。我小时候一直以为这个机制完全是随机的,后来听到学生间的传说,从哪边撞砖块,蘑菇就会掉到哪边。因为相信这个传闻,我错失了好多蘑菇。事实上,游戏里的物理规则与这条传闻截然相反——从右边撞击砖块,蘑菇就会掉到左边,反之亦然。这种处理方式非常真实,可惜年轻的玩家难以自行发现这点。看到刚刚顶出的蘑菇走错方向,掉进滚烫的岩浆,总会让人无比沮丧。

若是没有出色的重力系统,飞行的感觉也不会如此令人享受,《超马3》的系统脱胎自《超马1》中首次出现的精密内置物理系统。《超马1》的程序代码中设置了许多公式以控制虚拟世界中的速度、定位、重力、加减速。按住 B 键就能稍微改变这些公式，让马力欧跑起来并不断加速，在《超马 3》中加入能量槽反馈后，就更加紧张刺激了。

摩擦力之于《超马 3》，就像重力之于《超马 1》一样重要。《超马 1》里马力欧和地面之间的摩擦力非常小，远不如《越野摩托》（*Excitebike*），你能在后者中切实感觉到车轮陷进泥土。在斯温克看来，《超马 1》和《超马 3》中的摩擦力设计使得马力欧总是"滑溜溜的""很难控制""显得很莽撞"，就像"一块肥皂在湿地板上滑过"，但又很讨喜。确实，在六号世界冰之国中，这种加倍滑溜的感觉让人讨厌；但在其他世界中，能在关卡中滑来滑去，一头撞上砖块，总是让人乐此不疲，这使得控制马力欧变得十分有趣。

●

尽管不像美日两版《超马 2》的差别如此之大，美版《超马 3》与日版仍然有所区别。首先，美版《超马 3》要比日版简单一些。鉴于日版《超马 2》并未登陆美国市场，人们普遍认为美国玩家需要简单一点的游戏。降低难度只需一处小小改动：在日版中，身着道具装的马力欧若是受到伤害，会变为小小马力欧；而在美版中，他会变成"超级"马力欧。美版《超马2》的传统便这样延续下来——即便是同一款游戏，美版依旧比日版容易。

美日两版《超马3》的另一处主要区别是桃花公主获救后的感谢辞。在日版中，她会说出一句第三人称的传统"结语"："谢谢你！蘑菇王国又迎来了和平。一切结束了！（Thank you! At last, peace has returned to the Mushroom World. The End!）"作家迈克尔·P.威廉斯指出，日版的处理会让人搞不清楚最后这句"一切结束了"究竟是公主对马力欧说的话，还是游戏在告知玩家。而在美版中，这句规规矩矩的"一切结束了"改成了稍显随意、更为可爱俏皮的语气："一切——都结束啦！（Theeeee End!）"在美版游戏中，桃花公主更有趣也更随和，还会拿《超马1》中每个城堡通关后的结束语开自己的玩笑："谢谢。但我们的公主被关在另一个城堡里……开玩笑啦！哈哈哈！再见咯。"对当时美国的翻译人员和本地化团队来说，像这样对剧本稍作修改或是引用系列作品中的玩笑，《超马3》里比比皆是。

我和弟弟戴维还有室友埃琳一起玩的《超马3》，包含在《超级马力欧全明星》（*Super Mario All-Stars*，以下简称《全明星》）内。这款游戏于1993年在SNES主机上发售，包含升级版《超马1》、美版《超马2》、日版《超马2》［美版名为《超级马力欧兄弟：失落的关卡》（*Super Mario Bros.: The Lost Levels*）］和《超马3》。由于十六位的 SNES 主机机能强大，《全明星》版《超马3》有更丰富的图像、更多的动画，单次可显示的色彩组数量提升，还增加了存档功能。此外，路易吉不再仅是染成绿色的马力欧——这回他拥有了独特的高瘦身材。

　　SNES 版最大的变化之一，是各个世界的国王被酷霸小子变成怪物后的样貌与原始版本不尽相同。其他马力欧游戏（包括《超级马力欧世界》在内）中的动物，经过修改后用于此处。举例而言，在 NES 版《超马3》中，三号世界的国王变成了一只河童（一种日本民间传说里的水妖），但在 SNES 版里，他变成了一只来自《超级马力欧世界》的打火龙。整个系列就这样持续互相参考，发掘自身内容，寻找不同方式实现融会贯通。

●

　　《超马3》发售时，媒体一片好评。《了不起的机器》（*Mean Machine*）杂志游戏版编辑朱利安·里格纳尔称赞它拥有"无与伦比的可玩性"，其他人则夸赞其画面，认为游戏在谜题设计中实现了认知能力与操作技巧的结合。《电脑与电子游戏》(*Computer and Video Games*)杂志为本作打出 98/100 的高分,编辑保罗·兰德称《超马3》为"游戏界的《蒙娜丽莎》""出色到令人震惊"。另一位作家则声称:"除了火警外,没什么事能让你放下游戏,即便到那时,你也会发现自己仍在权衡轻重。"

《超马3》的早期评测主要关注以下方面:

- 创新且富于幽默感的设计美学;
- 细节丰富,游戏操控精确且响应迅速;
- 拥有大地图和道具系统,以便玩家进行规划并制定个性化的游戏策略;
- 多种极富挑战的敌人及障碍物;
- 渐进式学习曲线;
- 精心设计的广阔关卡,拥有例如浮沉岛这样极富创意的设计;
- 丰富的探索区域和待发掘宝物;
- 更加细腻的动画(马力欧行走时的动画帧数比以往任何一款马力欧游戏都高,还增加了滑行和下蹲时用手按住帽子等新动作);
- 更多的音效和背景音乐;
- 无与伦比的重玩性,即使通关后也有机会进行新挑战。

游戏发售时，历史学者特里斯坦·多诺万写道："《超马3》……再现了让《超马1》与众不同的那种奇妙感觉。游戏口碑销量双丰收，是任天堂从名不见经传的日本玩具商成长为全球游戏界巨人之路上的巅峰之作。"

　　《超马3》最早的评测之一由霍华德·菲利普斯撰写，早在游戏上架前他便开始动笔。在《超马3》的时代，任天堂内部有一个针对所有游戏的质量控制评级系统，涉及任天堂第一方游戏和所有第三方游戏。每款新游戏都需要由一个三人评分小组根据游戏玩法、画面等方面的表现，按五分制打分。部分员工（包括菲利普斯在内）、游戏顾问，以及由数百名客服代表收集的电话调查结果都是这个评级系统的一部分。"在所有组中，我给《超马3》的评分总是要高于其他组（的评分）。"菲利普斯说，"对我来说，看到《超马3》的时候，我就想这并非另一款平平无奇的游戏，也不仅是一款好玩又有挑战性的游戏，而是一款毋庸置疑的经典之作。这就是我对它的评价。我在任天堂给几百款游戏评过分，就算它不是我给过最高评价的游戏，起码也是第二高的。"

　　"好吧，那我得问问你给过最高评价的游戏是哪款？"我在与菲利普斯的电话采访中追问道。

　　菲利普斯委婉地拒绝了回答。"我可不想扫大家的兴。"他说，"很多游戏都非常棒，不管是《超级马力欧兄弟》系列、《塞尔达传说》系列，还是《密特罗德》系列，现象级的游戏很多。达到那个高度之后，再提高一点还有太大区别吗？我觉得不会。一旦登峰造极，再想提高就很难了。"

宫本茂本人并不像全世界那样对《超马3》喜爱有加，反倒有着更为复杂的感情。他在接受《时代》（*Time*）周刊采访时说："我回过头去重玩了一些游戏，说实话，很多地方让我感到难堪。回顾《超马3》时，我就觉得，'什么？我们当时竟然觉得这样就够好了？'话虽如此，我对当时的工作还是有了新的认识。游戏各元素的平衡在当时必须如此处理，这点毫无疑问。尽管那时有很多局限，我依然很高兴能创作出这样的游戏，不会再对它做什么改动。"

《超马3》是最后一款宫本茂以"设计师"身份列入制作成员名单的作品。本作之后，你只能在"制作人"和"总监"这两个头衔后面看到他的名字。如菲利普斯所说，宫本茂通过《超马3》证明了自己靠《森喜刚》和《超马1》取得的成功并非一时侥幸——他凭借这款游戏成为游戏界的传奇。如果说《森喜刚》是一次突破，《超马1》是一次革命，那么《超马3》就是宫本茂的经典杰作。

马力欧的旋律

"挥动你的手臂，
来吧，该跳舞了！
一起来跳马力欧！"

——《超级马力欧兄弟：超级秀！》歌词
(*The Super Mario Bros. Super Show!*, 1989 年)

在《超马3》的三号世界中，有个同日本形状相似的岛屿，和任天堂总部所在地京都对应的位置上，矗立着一座高大的白色城堡，王座上坐着一个头戴王冠的绿色小河童。蘑菇大臣在一旁急得直跳脚，高声喊道："太可怕了！国王中了变形术！快去找到魔杖，这样才能把他变回来！"王宫里的背景音乐听上去尖厉刺耳，我完全能想象出蘑菇大臣那声嘶力竭的喊叫。这关一开头，音乐便营造了游戏氛围。

接下来是一段简洁至极却又酷炫无比的过场影片：伴随着节奏激昂仿佛出征信号的鼓点，马力欧自信地走向正在缓缓升空的飞船。好像敌人一直将飞船停在城堡外面，刚刚才决定起飞一样。从叙事上讲，飞船的出现暗示酷霸小子是从蘑菇王国以外的世界入侵的（大概是八号世界黑暗之国？他们的家就在那儿吧？难怪想走）。他们就像是被一股脑塞进迪士尼动画的维京人、海盗和各种怪物。

马力欧跳上船锚，一摇一摆走上主甲板。与此同时，开场音乐缓缓奏响，与慢慢移动、充满不祥之兆的飞船关这一自动卷轴关卡遥相呼应，为来势汹汹的入侵者主题旋律奠定基础。整首曲子以一系列快速重复的高音断奏将焦急气氛推向高潮，此后旋律戛然而止，只剩下令人不安的鼓点声，随即从头开始播放。

尽管圆炮弹和弹头杀手的移动速度慢得不可思议，但在自动卷轴机制的配合下，不怀好意的炮弹在整个关卡中四散飞舞，异常凶险。你当然可以跳起踩圆炮弹来干掉它们，但之后自己也会反弹起来，万一没算好，很可能沦为另一枚圆炮弹的猎物。偏偏大炮那突如其来的开炮声比背景音乐还响，这一惊一乍的设计就是为了在你算好跳跃时机时打个措手不及。一不留神，就会前功尽弃。

这艘蓝色飞船与三号世界海之国的主题很契合，飞船上还出现了一种新型敌人——喷火器。话说回来，它是飞船关最容易躲避的障碍物之一，扔小扳手的地鼠虽然看上去可爱，但被打死后仍会不断复活，让飞船关变得愈发棘手。

一旦钻进船尾的水管，你就要和嘟嘴扮可爱、持一张粉色弓的温蒂面对面单挑了，酷霸小子专用战斗音乐随之响起——这是首节奏紧张的打击乐，催促马力欧该干正事啦。

温蒂是酷霸小子中唯一的女孩，也是个非常难缠的头目。酷霸小子之所以不好对付，在于他们的运动轨迹难以预料——与行动规律的标准城堡头目奔奔是两个极端。酷霸小子的跳跃方式变化多端，手里还挥舞着能射出若干物品"子弹"的魔杖。

从温蒂魔杖中射出的是彩色内胎。一经射出，这些内胎会在房间墙壁上弹来弹去，满屏幕乱飞。最好的解决办法是尽速打倒温蒂。我在尝试击败她时失败了好多次，难免恨她恨得牙根痒痒。被酷霸小子打死比掉进岩浆还让人沮丧：这些坏小子脸上写满了得意，更要命的是，失败后那该死的飞船就会飞走，你得重新回到大地图上找到它才行（要是此时返回城堡，那个急疯了的蘑菇大臣就会催你赶紧回去战斗："快去把魔杖从酷霸小子那里抢回来呀！"）。

大概是我在和温蒂作战时太投入了，正坐在我旁边对着笔记本电脑敲敲打打的女友凯特嘟囔起来："知道吗，你玩游戏时会发出便秘一样的哼哼声，整个身子都绷直了。"

"你也应该写一本书，记录一下我怎么写出这本关于《超马3》的书。"我答道。我的猫本来一直幸福地坐在另一边，对这场无休止的精彩鏖战一无所知，但这下我可能吓着她了。

不过，打败温蒂终究还是很值的。溃败后，她丢下魔杖就跑（并非像奔奔那样炸开花）。温蒂逃走后，战斗音乐还在继续，一旦我捡起魔杖（或者更酷一点，跳起来在半空中接住它），战斗音乐就会立刻结束，一段有八个渐升音符的胜利曲响起来，拉长最后一个音符以宣告我的胜利：咚—咚—咚—哒，咚—咚—咚—哒！

　　飞船随即爆炸，另一段精彩的过场影片浮现眼前：这一次，马力欧伴随着一段紧凑的音乐从毁坏的飞船落至地面。魔杖落在地板上叮当作响，弹到国王手里（是不是该再小心一点？），雄壮豪迈的音乐奏响——听上去有点像刚拿到魔杖时的曲子——国王感谢我把他变回人形，他长得简直和马力欧一模一样。

　　如果调成静音再玩上一遍，体验想必截然不同，一定逊色许多。

●

　　《超马1》原声音乐集中收录了游戏史上许多首最动听、最令人印象深刻的曲子，从经典的七音符开场曲"吧哒哒嘟哒哒咚"直至地下世界低沉美妙的"登登登"。这留给传奇作曲家近藤浩治一道巨大的难题，他要在完成《超马 1》、日版《超马 2》、美版《超马 2》的作曲工作之后，继续为《超马 3》谱写原声。近藤说过，《超马 3》第 1–1 关和其他多个关卡中出现的"地表世界"主题曲是最让他头疼的一首，因为从接到任务起，他就明白这回自己要写一首与他至今仍引以为豪的《超马 1》经典主题曲完全不同、却又同样出色的曲子。

"《超马 1》主题曲太有魅力，"近藤浩治接受"美国玩家"（US Gamer）网站采访时谈道，"它给玩家留下的印象太深，而且与马力欧在游戏里的动作结合得非常完美——对刚开始为《超马 3》谱曲的我们而言，实在是座难以逾越的高峰。"

为了让《超马 3》的乐曲听起来有别于《超马 1》的拉丁风格，近藤浩治决定使用节奏略慢的雷鬼音乐，并加强低音和节拍。这一全新曲风的代表作便是以天巴鼓独奏开场的五号世界大地图主题曲。

"现在来看（这种音乐风格），我有点吃不准是不是个好主意。"近藤浩治最近在"岩田聪访谈录"中笑着说，"因为它与游戏节奏配合得并不算好，其实当时还有一首备用曲目。直到收尾阶段，手冢先生、宫本先生和我仍在争论到底要用哪首曲子。"近藤说《超马 3》的作曲工作是一项艰难的任务，因此当他开始为《超级马力欧世界》作曲时就吸取了教训，清楚哪些事情别去做。他甚至承认有人曾对他说"（《超马3》的）大部分曲目并没给人留下太深的印象"，当然这也是因为游戏里的曲子实在太多了。

不过，无论近藤浩治现在怎么想，《超马3》原声音乐无可置疑地标志着马力欧游戏音乐的一次重大进步，不仅曲风更加多样，还以其连贯感将游戏中的不同世界联系到一起。比如说，游戏中的城堡和飞船关卡中运用静音及半音阶跳跃的方式很相似，营造出一种身临敌境、惶恐不安的感觉；水下关卡的音乐也和三号、四号这两个岛屿主题世界的音乐风格接近：旋律舒缓、较多运用长笛，打击乐元素则相对弱化。

作为近藤浩治的代表作，《超马3》的音乐与游戏节奏结合紧密，不仅让各个世界和关卡间的氛围平滑过渡，还能模拟出玩家从内到外的游戏体验。实际上，近藤的音乐节拍往往与主机中央处理器的时钟保持同步，这也是为什么有些玩家能闭着眼玩马力欧，他们光听音乐就能判断出跳跃的时机。《超马3》共有三种不同类型的关卡主题曲，方便玩家知道自己在玩何种关卡。第1-1关的音乐松弛、平缓、不规律，仿佛是在鼓励玩家到处逛逛，多多探索。"在其他平台跳跃类游戏里（例如《洛克人》系列），"音乐史学家达纳·普兰克提到，"背景音乐往往节奏较快，就像在游戏里放了个节拍器，催促玩家马不停蹄地在关卡中穿梭。近藤的音乐则透露出建议玩家在时限内尽可能多做探索的意味，这让我印象深刻。他的音乐仿佛在告诉我：'每根水管都试试能不能钻进去！把所有的砖块都打碎吧！反正你有的是时间！'"

第1-2关的音乐则急促得多，跳跃的狂乱音符构成此起彼伏的音阶，这首曲子通常用于含各式移动平台并需要高超跳跃技巧的关卡，第1-4关这种自动卷轴关卡自然包括在内。地下关卡的主题曲则以低沉曲调营造出与黑漆漆的洞穴环境相匹配的感觉，这首曲子还是《超马1》地下关卡主题曲的混音版，为早期马力欧游戏创造出一种延续性。《超马3》片尾字幕音乐和获得超级星星后的乐曲，也都是《超马1》中对应曲目的变奏版。

"这种系列延续性很重要，"普兰克说，"你会发现在《密特罗德》《塞尔达传说》《最终幻想》等系列作品中，主题曲总会传承下去。为何它如此重要？显然，玩家会与游戏音乐建立一种情感连接，游戏则通过音乐致敬这种情感，并加入新的风味。而玩家在听出系列前作中出现过的熟悉旋律后，自然会产生一丝与老友重逢的欣喜。"

《超马3》中让你觉得耳熟的曲子可不止我提到的这几首。在 TV Tropes 网站"出奇相似的歌曲"页面上，可以看到《超马3》飞船关的主题曲与古斯塔夫·霍尔斯特的代表作《行星组曲》（*The Planets*）中的一首进行曲《火星：战争使者》（*Mars: The Bringer of War*）很类似。虽然我不觉得他们说的第 1-2 关与巴格斯乐队的单曲《录像带杀死电台歌星》（*Video Killed the Radio Star*）有哪里相似，却发现第 1-1 关的主题曲与林戈·斯塔尔翻唱的慢版《伤感的旅途》（*Sentimental Journey*）惊人相像。

●

　　和早期那些从事游戏设计的"程序员兼诗人"一样，近藤浩治曾表示，他最喜欢的硬件系统是 NES 主机，其硬件限制使作曲工作就像在解一道棘手谜题。普兰克则说，八位机和十六位机经常"迫使"游戏音乐走向"极简主义"风格，就像俳句一样。

　　NES 主机给予近藤的施展空间是容量仅限两千字节的运行内存，因此《超马 1》的音乐不仅数量有限，长度也很短，只能依靠循环播放来取巧。《超马 3》依旧使用循环播放，但多亏了 MMC3 芯片，近藤有足够的空间容纳更多歌曲。这可解决了大问题，毕竟游戏里有众多风格各异的世界和关卡，需要与之相匹配的音乐风格。此外，大地图、城堡、头目战、飞船关，包括小游戏都需要独有的背景音乐。游戏中还能听到几首仅出现一次的特别乐曲，例如与酷霸王决斗时的音乐、结尾字幕的音乐，以及关着桃花公主的迷宫背景音乐，这首曲子其实是日版《超马2》结尾音乐的重混版。

《超马3》中的音乐如此丰富多彩，安静的标题画面反倒显得有些格格不入。游戏开场相当有名：红色幕布缓缓升起，现出黑色的背景，站在方格地板上的路易吉和马力欧分立画面两端；接着路易吉跳到半空，踩着马力欧的头顶高高弹起，伴随着屏幕中央缓缓下降的"超级马力欧兄弟3"字样一同落下（数字"3"投下的影子还有条浣熊尾巴）。接下来的动画里，路易吉和马力欧自娱自乐，演示怎样变成浣熊马力欧，怎样消灭栗子小子，怎样将龟壳抓起、踢走，或是让它停下，甚至还演示了怎样躲进背景后面。这段对游戏机制的介绍有点类似街机游戏里吸引玩家注意力的自动演示画面——只不过《超马3》的开场与街机上的热闹画面不同，它完全无声，很是另类。而你在游戏中听到的第一个声音来自按下开始键的音效，它与吃金币时发出的声响完全一致，都是纯四度上行音程（音符也一样）。

近藤说，无声的标题画面（《超马1》的标题画面也是无声的）其实是刻意之举。他对"美国玩家"网站说："我们那时认为没必要给标题画面配乐，在游戏开始之前不用放音乐。所以我们没为标题画面准备任何声音和音效。"

　　大多数八位主机有四条发声通道，而 NES 主机有五条。像近藤这样的游戏作曲家就可以用不同通道来制作同一首曲子的各个部分。例如"噪声"通道可以生成打击乐的音效，而三角波通道则可以生成低音。NES 主机的差分脉冲编码调制（Differential Pulse Code Modulation，以下简称 DPCM）通道专门用来播放压缩后的声音样本（真实乐器演奏或人声的低质量数字录音），令它在同时代主机中脱颖而出。这就意味可以录制诸如《忍者神龟 3：曼哈顿计划》（*Teenage Mutant Ninja Turtles III: The Manhattan Project*）中的"Cowabunga"（神龟米开朗基罗的口头禅）这类声音了。而包括近藤在内的另一些作曲家，则尝试使用 DPCM 通道来合成更多样且更真实的打击音效，他对这种技术的实验始于美版《超马 2》。

　　《超马 3》最重要的技术改进是其对于各式打击乐的运用。在《超马 1》原声音乐中，打击乐几乎全部放在噪声通道中生成。但在《超马 3》中，近藤同时用噪音通道（通常用于模拟脚踏钹）和 DPCM 通道生成打击乐，可以模仿出定音鼓、响木、天巴鼓或邦戈鼓等乐器的声音。这种方法能够创作出更加多样悦耳的打击乐，在游戏开始的一号世界大地图，玩家就能从背景音乐里听到全套爵士鼓的鼓声，不由自主跟着摇头晃脑，中间则穿插着高架鼓的鼓声。能够展示《超马3》鼓声强化效果的另一首代表曲目是"地下关卡"主题曲，它与《超马1》版本相比，最大区别就在鼓声。

●

近藤当时觉得为《超马3》作曲是件可怕的事，现在回头去看，一点都没错。《超马1》的音乐之所以在整个系列中具有最高的辨识度，也最易引人共鸣，很大原因在于它是大部分玩家玩过的第一款主机版马力欧游戏。评论家、学者和历史学者关心《超马1》配乐远甚于《超马3》配乐。布卢姆茨伯里学术出版社的"33 1/3"系列丛书推出了安德鲁·沙尔特曼的著作《近藤浩治的超级马力欧兄弟原声》（*Koji Kondo's Super Mario Bros. Soundtrack*），专门讲《超马1》的配乐。

从某些方面来讲，这也成为对比《超马1》和《超马3》时的首要难题。后者几乎在所有方面都比前者强，但前者之所以被人铭记，就胜在它是系列第一作。《超马1》的配乐如此令人印象深刻，在于它非常具有代表性；而

《超马 3》配乐的特别之处在于，它虽然没那么令人难忘，却和游玩体验交相辉映，构成了游戏完整体验的一部分，而非可以分离出去的独立元素。如果说《超马 1》的原声是一顿上满五道菜的大餐，其中几道菜令人回味良久，那么《超马 3》的原声就是一大盘看上去像大杂烩却很应景的什锦饭或是龟汤。

全世界是一个舞台

"……所有的男男女女不过是一些演员。"
——《皆大欢喜》（*As You Like It*）
威廉·莎士比亚

"《超马3》的故事根本没发生过。"这个关于《超马3》的阴谋论由来已久,其论调如下:蘑菇王国根本没有遇到麻烦,公主也没被绑架,整个《超马3》就是一出舞台剧。这一论调的支持者指出,游戏随幕布拉起开场,又以落幕结尾;此外,游戏关卡中有很多平台都像是被钉在背景上的景片一样——向后投下大块阴影,或是悬挂于天花板上,如舞台机械般在轨道上运行。此外,每完成一关,马力欧都会来到一个黑漆漆、像是"后台"的地方。这套阴谋论的某个版本认为"马力欧从没遭遇过真正的危险,你仅仅是个观众"。

　　迈克·罗思的说法更有意思,他认为《超马3》是用戏剧形式把《超马1》的故事又讲了一遍。"在这次戏剧再现中,马力欧对酷霸王的可怕之处做了艺术夸张,于是他突然间就给他的小跟班们配上了坦克堡垒和飞船。要问我信不信这种说法,大概信吧,这让马力欧系列更有深度,所以我喜欢这种说法。但我不确定它究竟算深层次的叙事表达,还是另一种美学风格。"

在一段英国任天堂于 2015 年秋季发布的《超级马力欧制造》（*Super Mario Maker*）宣传片中，宫本茂终于在全世界面前承认了《超马 3》是舞台剧的论调——尽管他未发一言。在回答"《超马 3》只是一场戏剧表演吗"这个问题时，几乎自始至终保持沉默的宫本茂，稍微想了一会，重重点头，脸上露出狡黠的微笑。当然，他的答案也只是一场表演，就像他一直在推广视频里扮演任天堂公司的吉祥物一样［视频名为"宫本茂终结马力欧流言"（*Mario Myths with Mr Miyamoto*）］。

《超马 3》之后，宫本茂将戏剧元素带入整个马力欧系列。比如在《超级马力欧 RPG：七星传奇》（*Super Mario RPG: Legend of the Seven Stars*）中，酷霸王曾经帮助过马力欧；又如马力欧、路易吉和桃花公主虽然和酷霸王、瓦力欧是死对头，却经常聚在一起打高尔夫、打网球，或是参加卡丁车比赛。宫本茂曾多次说，这是因为他们只是正在扮演角色的演员。对宫本茂来说，在同一世界观下拥有大量角色让他觉得自己是个"人才中介机构老板"，能随心所欲地让角色出现在需要他们的游戏中。在一次采访中，宫本茂提到："如果你很熟悉《大力水手》（*Popeye*）和一些老的漫画角色，就会发现他们经常在漫画或动画中扮演不同版本的自己，一切都依剧情需要变化。他可能在这一集里是个商人，到另一集就变成了海盗。

他们的身份会依据故事而变化。所以从某种程度上来说，我也用类似方式看待我们的角色，他们可以在不同游戏里扮演不同角色。因此，他们看上去更像是一个大家庭，或是一个剧团。"

《超马3》的戏剧主题源自歌舞伎，这是一种日本戏剧形式，经常打破第四面墙，以滑稽或夸张的方式拉近演员与观众的距离。马力欧在《超马1》中就打破过第四面墙，他会在死后掉出屏幕前正面朝向玩家，而在《超级马力欧世界》里，每完成一关，马力欧都会朝玩家竖起大拇指。在美版《超马2》的"角色选择"界面中，马力欧、路易吉、奇诺比奥和桃花公主在大幕未开的舞台上站成一排等你作出选择，被选中的角色会开心不已。在刻意戏剧化处理的《超马3》之后，歌舞伎风格元素会在《瓦力欧制造：动手吧》（*WarioWare: DIY*）、《New超级马力欧兄弟》（*New Super Mario Bros.*）、《纸片马力欧》（*Paper Mario*）、《超级马力欧3D世界》（*Super Mario 3D World*）等游戏中持续出现。

歌舞伎表演以模仿动物的服饰和各种面具为特色，在日本古代的娱乐及宗教活动中占有重要地位。最古老的日式面具可追溯到公元前一万年。用泥土或木头制成的各种面具代表着动物、神兽、精灵、妖怪、神仙或是英雄，出现在戏剧、舞蹈、祭祀活动中，或是今天的电子游戏里。《超级马力欧兄弟2》一书的作者乔恩·欧文认为，美版《超马2》中的可怕敌人魅影面具，其设计灵感或许就源自日本能剧，在这种起源于1300年代的舞台剧中，演员会戴上雕刻精美的面具进行表演。

·

　　如果说《超马3》是一场大戏，酷霸王肯定是由穿着布偶装的人扮演的，布偶装是一种可以让你装扮成神兽、动物或昆虫的怪物戏服。日本流行文化中有种叫"皮套"的东西，演员穿着它在《哥斯拉》（*Godzilla*）这类特摄电影里扮演张牙舞爪摧毁城市的巨大怪兽。

　　加上怪兽会立刻让任何故事充满戏剧张力与吸引力。马力欧死对头的设计灵感源自1960年代一部日本动画片《西游记》（*Alakazam the Great*）中的角色牛魔王，这部作品改编自同名中国古典名著。最开始，宫本茂为酷霸王（在日版里他的称呼是"伟大的魔王酷霸王"）设计的造型看上去不像牛，更像乌龟。他便在此基础上继续改进，逐渐把它画得更接近游戏中其他的乌龟类敌人。

　　酷霸王（即酷霸一族的国王）和他的乌龟军队之所以叫"酷霸"，目前有两种说法。第一种来自历史学者威廉·奥迪罗，他说宫本茂和手冢卓志当年坐在一间韩国料理店里，讨论该给游戏中的敌人取些什么名字，然后点了一道泡饭，泡饭在日语中读作"kuppa"（而在韩语中读作"gukbap"）。宫本茂误以为这道料理是某种辣味烧烤，觉得这个名字跟游戏里的敌人挺合拍的（实际上那只是米饭加汤的一道素食）。

另一种说法则认为，酷霸王和他的手下得名于一种日本民间的传说生物——河童，河童在日语中读作"kappa"。传说河童长着和爬行动物一样的皮肤以及龟壳，从头上顶着的一碗水中汲取力量。河童喜欢吃黄瓜和小孩子，不过也别太担心，只要对它鞠躬就能耗尽其力量，因为河童特别讲礼貌，你对它鞠躬时它会朝你还礼，头顶碗里的魔水就全洒出来了。

和所有孩子一样，我从小到大一直对怪物很着迷。小时候玩《超马3》，酷霸王比马力欧更让我有共鸣。根据心理学家欧内斯特·迪希特的说法，我们会被怪物吸引是因为它们代表了我们潜意识中的罪恶感。他在1960年代曾写道："恐怖电影既恐怖，又令人着迷，因为它们展示了一些我们无法控制的力量。最可怕的是，那些难以控制的怪物往往就是我们自己。"

其他女孩对少女时期的我有一股怪异且危险的吸引力。当我意识到自己喜欢女孩后，感觉就像酷霸王一样，成了个笨拙的怪胎。我不知道释放内心的欲望后会发生什么，根本不懂这欲望代表什么，在很长一段时间里也没去深究。

我转而戴上面具，躲进安全的游戏世界，间接体验了一回马力欧和桃花公主之间完全无害的柏拉图式恋爱。他俩之间最浪漫的事也就是桃花公主亲吻一下马力欧的鼻子，或是为表谢意给他烤上一块样式简单的蛋糕。不过他们显然是一对，任天堂在庆祝《超马3》二十五周年的视频结尾，便打出了"马力欧永远都会拯救桃花公主"的字幕，还有一个大大的桃心围绕着他俩。

这段始终隐藏在水面下、从不挑明的爱情，是《超马3》中最让我着迷的故事。在游戏里，我们总能做到一些现实生活中没法完成的事，无论是变成一只青蛙，还是拯救一位公主，更别提追求她了；游戏让这一切都成为可能，或是像尤尔所说，游戏为玩家提供了舞台，让他们可以"尝试一切曾经想做或通常不会去做的事"。这样看来，游戏和戏剧也差不太多。在戏剧中，你可以放下现实中的种种期望，扮成任何想演或是能演的角色。无论在游戏中还是在游戏外，服装都给玩家提供了探索、隐藏或揭示秘密的无限自由；不论游戏舞台还是剧院舞台，都是最佳的探索地点。

对我这样喜欢女孩的少女来说，这就是《超马3》的意义所在。哪怕必须躲在虚拟的乌龟怪物布偶服里，或是穿上矮个小胡子布鲁克林水管工的背带裤，能追逐梦中的姑娘仍令我激动不已。

●

马力欧在《超马3》中有着数量可观的变身服装。游戏在保留《超马1》中的蘑菇、无敌星星和火之花的基础上，增加了一大堆更加神奇、更具想象力的变身服装和力量提升道具。近几年的马力欧游戏则走得更远，玩家甚至能变成蜜蜂、猫和鼯鼠。正是《超马3》给这些作品打下了基础。

其实《超马3》中的变身服装本应更加怪异。最先提出让马力欧穿上动物服装的人是手冢卓志。威廉·奥迪罗认为手冢的灵感可能来自世嘉于1988年发售的街机游戏《兽王记》（*Altered Beast*），该作的主角可以变身成熊、老虎、狼人或是龙。大概是受其影响，《超马3》中所有的变身服装本来都是幻想主题，宫本茂团队最开始设想的变身服装之一便是半人马。

日本团队最终认为这些西方神话生物太奇怪了（可能做起动画来也比较费劲），决定改用狸子这种现实存在的动物，其足迹遍布整个东亚地区，在日本民间传说里还拥有超自然力量。日版《超马3》中，"浣熊马力欧"（需要吃树叶）被称作"长尾马力欧"。狸猫服能让你变成石像，美国的本地化团队则把日版中狸子的拼写"tanuki"改成了更容易懂的"tanooki"。

宫本茂很喜欢西部电影，从《超马1》开始，他就想让马力欧骑上恐龙。然而 NES 主机的机能限制令这一想法落空，即便是提升《超马3》画面的 MMC3 芯片也无法同屏渲染两个可控角色。宫本茂的想法直到《超级马力欧世界》才得以实现，他在游戏中给马力欧增加了一个名叫耀西、形似恐龙的坐骑。不过，作为恐龙坐骑的替代品，《超马3》里各种变身服装的表现还是非常令人满意，这也是游戏中最为人喜爱的内容之一。

•

在《超马3》所有的世界里，我最喜欢五号世界天空之国。首先，它是所有地图中最神秘的一张。你最初只能在地图画面上看到三个小关卡，关底城堡踪影全无。你或许会以为地图上某根水管能带你去其他部分，就像四号世界那样。但在地图西边有一座奇怪的螺旋状城堡，地图下方还有很多白云，这两样东西无疑会立即勾起你的好奇心。

五号世界中还出现了整款游戏中最稀有的一种力量提升道具。普通的马力欧玩家可能很难记清究竟哪关才是深受玩家喜爱的神奇栗子鞋关卡。而只要你进入第5-3关，看到那从右往左"倒走"的独特设计，就知道自己来对地方了。

在《超马3》中，应该没什么比躲在上发条的绿色鞋子里到处乱蹦的栗子小子更有创意、更怪诞也更好笑了。从下方一顶，就能把栗子小子赶出鞋子，取而代之。钻进鞋子的马力欧甚至比穿青蛙服时跳得更高——踩到敌人头顶后长按跳跃键，就能高高跃起到半空。这下你终于能毫发无伤地跳到刺虫壳上，踩扁黑色食人花（就是那些黑不溜秋长得像吃豆人的家伙）和火焰吞食花，出一口恶气。

钻进鞋子以后，我立刻感觉到跳跃的物理机制都变了。好像一下变回小孩子，简直太有意思了。那些栗子小子躲在如此可爱的鞋子里做什么？这个Kuribo是谁？他应该是来自四号世界巨人之国（这个王国中的敌人异常巨大，马力欧则显得非常小）的巨人，他的鞋子足以让栗子小子或是马力欧钻进去，虽然这样想象很有趣，真相却有点乏味。"Kuribo"这个词其实就是日语里的

"栗子"，美国本地化团队忘了把"Kuribo's Shoe"改成"Goomba's Shoe"。于是日本孩子耳熟能详的小玩意便成了美国玩家心里念念不忘的小悬念。

栗子鞋最妙的地方是它的稀有度，它只出现在这一关，不会跟你到下一关，遵循了任天堂将《超马3》向全世界推广时使用的供求法则——越是稀罕的东西，人们越趋之若鹜。

．

在成长过程中，父亲教会我许多游戏之外的事情。他教我玩橄榄球和棒球，我说想当接球手时，他教会我该如何蹲在垒上，或是接住高高的界外球。我非常喜欢职业球队制服亮丽的色彩和上面可爱的吉祥物图案，还喜欢接球手面具覆盖脸部的感觉，它让我一下变得更强壮也更勇敢，仿佛瞬间变了个人。我问过父亲，为什么女孩不能像男孩那样玩棒球和橄榄球，他告诉我自己也不确定，但如果我愿意玩橄榄球，也愿意投入全力不半途而废，就一定可以如愿以偿。随后，他便给我买了一套儿童版的达拉斯牛仔队的球衣和头盔。

父母离婚后，父亲就搬到迈阿密居住，他隔周飞来佐治亚州看望我和戴维，我们三个一起待在爷爷奶奶家。戴维、父亲和奶奶米米会在后院一块玩橄榄球，做腌菜。奶奶从小生活在费城一个大公园里，她父亲是从爱尔兰移民过来的公园管理员，陪伴她长大的是跑步、爬树、骑车等各种运动。此外，当她的三个兄弟玩耍时，她总是他们的"头号替补"，因此我和奶奶特别亲近——我们都是家里的假小子，只要戴上头盔穿好运动衫，就能做我们想做的任何事情。

•

当然，《超马3》并非第一款加入奇妙变身服装的游戏，但与游戏中其他要素一样，变身服装和整款游戏的世界观完美融合到一起。这些服装给予玩家全新的能力：不落地飞行、强力跳跃、投掷锤子，以及更加出色的游泳技能等。这些技能让马力欧能够更彻底地探索关卡，用更新奇的方式打败敌人。此外，这也是玩家第一次在马力欧游戏中兼具锤子兄弟的进攻手段和狸猫服提供的防御能力。

《超马3》中的变身服装——系列的新鲜血液——和以往的力量提升道具相比更具异域风格。蘑菇带来的各种力量其实还有些逻辑可言，现实中某些菌类，例如不同大小的捕蝇蕈，能够让人出现强烈甚至致命的幻觉。神奇的栗子鞋还能让你联想到童话故事里的魔法靴子。但欧美玩家可能会感到好奇，为什么一片树叶就能让马力欧拥有浣熊的力量。

根据日本民间传说，狸子和狐狸可以将树叶放在头顶以改变自己的外形（甚至可以变成人形）。狐狸通常用这种招数来引诱人类，狸子则纯粹是为了恶作剧。浣熊服，或者叫长尾服，是游戏中的标志性力量提升道具（也是最常见的），因此浣熊马力欧理直气壮地出现在游戏外盒封绘和《任天堂力量》（*Nintendo Power*）杂志的封面上。有了全新的飞行能力后，在《超马3》的世界中探索更是令人兴奋不已。

你们都得感谢手冢卓志，他是第一个提出加上这项能力的人。制作团队原本已经决定给马力欧加上尾巴，以便他使出旋转攻击。根据传说，狸子拥有八种能为自己带来好运的特征，其中之一就是大而有力的尾巴。

"但把尾巴安在马力欧身上以后，我们又想到：'既然装了这么条尾巴，是不是再给它加上点别的功能？'"手冢在一次采访中回忆道，"随后我们便给这条尾巴添上来回摆动的效果，看起来有点像螺旋桨。摇尾巴让马力欧变轻，也就能跳得更远。既然如此，为什么不锦上添花呢？于是我们决定：'干脆让他飞起来吧。'"

在游戏开发早期的一次会议上，手冢一边扑扇双臂模仿飞行，一边提出这个点子，并问道："马力欧这样前进，然后飞起来，怎么样？你们不觉得这样会很好玩吗？"

在许多早期非常流行的街机游戏，如《爆破彗星》（*Asteroids*）和《太空侵略者》（*Space Invader*）中，飞行都是游戏开头就有的基本功能。在《超马1》开发之初，宫本茂就对设置空中游戏舞台的想法很有兴趣，他受到《西游记》中腾云驾雾的孙悟空影响，设计了坐在云彩上飞行的朱盖木，还想让马力欧手拿激光枪坐上火箭。不过由于 NES 主机的垂直卷轴功能不尽如人意，他只好退而求其次，让玩家能偶尔顺着豆茎爬到云彩上逛逛。在美版《超马2》里，玩家可以乘坐魔毯飞行，或是在扮演桃花公主时于空中短暂滑翔。

《超马3》卡带内置的 MMC3 芯片终于让马力欧一飞冲天。

起初，开发团队打算让马力欧能随时随地起飞，但主程序员中乡俊彦指出，这样会让地面上安置的各种障碍物和力量提升道具形同虚设，他建议干脆弃用飞行的点子。但手冢卓志实在太喜欢空中关卡了，他最终拿出了一个可行的解决方案：起飞前需要先加速，而加速距离是马力欧身形宽度的八倍。当玩家变成浣熊马力欧并加速跑过这段距离后，力量槽就会达到峰值并奏出一段高音，提醒玩家可以跳起来飞上天空了。

"我们把那段加速用的距离叫作'跑道'，也不知道是谁最先这么叫的。"中乡说，"那时我们重新检查了所有关卡，然后完全重做一遍，确保马力欧有足够的地方可以起飞。"

不过，设计师还是加入了一个能让马力欧无需跑道即可随时起飞的道具。稀有的强力道具啪嗒啪嗒翅膀可以直接充满力量槽，让玩家在这一关内随时随地飞翔。在一期"岩田聪访谈录"中，中乡提到啪嗒啪嗒翅膀实际上是《New 超级马力欧兄弟 Wii》（*New Super Mario Bros. Wii*）中超级向导的前身，这种功能会在玩家挑战某个关卡失败一定次数后出现，一经启动，就会代替玩家控制游戏角色，完成整个关卡，这说明设计啪嗒啪嗒翅膀的目的可能是为了帮助不熟练的玩家完成高难度关卡。

在中乡所披露的事情中，最有趣的当属啪嗒啪嗒翅膀图标上那个字母"P"并不代表"力量（Power）"。中乡说这件道具其实是啪嗒啪嗒的翅膀。看来马力欧不仅抢走了栗子小子的鞋和朱盖木的云，连啪嗒啪嗒的翅膀也没放过！但这没法解释其他道具上字母"P"的意思，比如有带着字母"P"的魔法球、开关以及力量槽。

它们上面的"P"可能就是"力量"的缩写（当时任天堂的广告语也是"从现在起，你在游戏中充满了力量（Now You're Playing With Power）"。当然也有别的说法：开关砖块上的字母"P"到底是指"按我（Press Me）"，还是和对战模式里的"POW"砖块一个意思？啪嗒啪嗒翅膀上的字母"P"代表公主（Princess）还是桃子（Peach）？毕竟你在打完一号世界后获得的第一只啪嗒啪嗒翅膀就是她给的。

·

小时候，我从母亲那学会了一项很有用的演技，在过生日和节日时经常派上用场。比方说，我七岁生日那天——父母离婚前我最后一个生日——全家人和以往每个重要日子一样，一起坐在客厅里。我挨个研究收到的礼物，第一个映入眼帘的——从窄长的包装盒上就能猜出——是芭比娃娃。这是一样必然会出现的"给女孩的礼物"，来自家人的一位朋友。她自然是出于好意，却不知道我讨厌洋娃娃、打扮游戏和过家家之类的东西。

母亲在屋子另一边冲我扬了扬眉毛，示意我快说"谢谢"，我带着灿烂的假笑，抱着娃娃对送礼人咕哝了一句"谢谢"。母亲和我有个协议，如果在过生日和圣诞节时，收到不了解我的亲戚朋友送的礼物，她就会带我到玩具反斗城或是沃尔玛，把芭比娃娃换成蝙蝠侠或是忍者神龟的可动人偶，我则要很礼貌地给送礼的人写一封感谢信。

母亲总能理解我对玩具的喜好，尽管她一直渴望我能和她一起玩打扮游戏或是芭比娃娃。我记得她曾带我到地下室，拉开一只挂着黄铜锁扣、已经发霉的粉色皮箱，向我展示她那一整箱1960至1970年代的芭比娃娃。她们穿着亮黄色的空姐装和塑料制成的摇摆靴，头发因多年未经打理而乱糟糟的。母亲满怀期待地问我："她们美不美？"

母亲曾经多次试图和我一起玩打扮游戏，最接近成功的一次，是某天她对着镜子给我梳头时骗我说："你知道吗，忍者神龟可都戴着缎带。"我已经记不清为什么那次信了她，也许是错把忍者神龟的头带当成缎带了。反正那天我到底还是戴上了缎带。老妈得一分。

我喜欢玩那些"男孩玩具"和电子游戏，因此会为那些独自躺在地下室破旧箱子里的芭比娃娃感到遗憾，也为不能和母亲一起玩游戏感到愧疚。我很想让母亲高兴，也想像跟父亲一起玩游戏那样和她一起玩娃娃。但我的演技太蹩脚——只能假装喜欢，没法真正改变。

看到父母在我七岁生日那天从厨房里拿出最后一个礼物盒子时，我欣喜若狂，那是个巨大的长方形盒子，与芭比娃娃包装盒截然不同，还要重得多。我飞快撕掉盒子外面的包装纸，一眼就看到了任天堂的商标，高兴得话都说不出来。

"艾莉斯，那是什么呀？"母亲问，提示我赶紧把礼物的内容告诉客人，毕竟除了父亲之外，没人懂得我拆开的这件礼物有多么神圣。

"是一台 SNES 主机。"我小声答道。

"可以玩电子游戏？"母亲继续着提示。

"是的。"

送芭比娃娃的人俯视着我，用浓重的南方口音故意拉长声音道："这礼物可真贴心呢。"对小女孩来说，电子游戏在当时可算不上是合适的消遣。

•

五号世界另外一半版图位于岛屿上空的云朵上——那座螺旋形的城堡会将你一路引上天空，来到一块全新的云朵主题地图。在五号世界里，飞行是最关键的生存技能，《超马3》的飞行主题也终于开花结果，啪嗒啪嗒翅膀、超级树叶和狸猫服在这个云朵世界里都是无价之宝。

举例而言，如果拥有飞行能力，第5-4关开头就有长度恰到好处的云朵平台供你起飞。一旦飞上高空，马力欧就能利用各种云朵平台一路飞过整个关卡。如果只能待在地面上，这关中的旋转杆子和面积狭窄的平台就会变成一场噩梦，必须进行各种长距离精准跳跃才能平安通过。

还有第5-5关，整关地面都是用甜甜圈做成的，那些中间有孔的粉色砖块太可怕了，在上面驻足几秒后就会掉下去。甜甜圈砖块在《超马3》中完成了它在整个系列中的处子秀，其设计理念和现实生活中的甜甜圈背道而驰：逼你快速逃离。在未获得任何飞行能力的情况下，第5-5关就是一场穿梭在啪嗒栗子小子和啪嗒啪嗒之间的疯狂冲刺，一失足便成千古恨。

接下来是五号世界最后一关：第5-9关，它极有可能是整款游戏中最难的一关。实话实说，为写这本书，我重温了一遍游戏，但这一关重试了很多次都没能打通。所以我用朱盖木的云朵直接跳关，并祈祷自己能一次打通飞船关，否则就得回来再打一遍第5-9关。在这个地狱难度的对角自动卷轴关卡里，你需要跳过相隔极远的一个个小平台。这关自动卷轴的速度还特别快，你必须在被自行滚动的屏幕边缘干掉之前迅速做出决定，更别提还有一首和第 1-2 关一样火急火燎的曲子一直在耳边回响。这仍不算完，跳跃时还有个难缠的敌人一直追着你跑——会飞的火焰汪汪，这是一颗满嘴尖牙利齿、长着一条火焰尾巴的黑球，它吐出的火焰会诡异地追踪你，通常情况下很难干净利落地干掉它，你总会失误摔死。我就直说了吧：留好啪嗒啪嗒翅膀，就等这一关啦。

•

克里斯蒂娜·贝尔是高点大学（High Point University）的传媒学讲师，她正在撰写一篇关于《行尸走肉》（*The Walking Dead*）系列游戏中性别认知的论文。我去采访时也打算把重点放在电子游戏的性别表现上，却完全没料到我们讨论最多的话题居然是忍者神龟。

和贝尔聊天，感觉就像在听我自己的经历一样，她也是个假小子，沉迷《忍者神龟》（*Teenage Mutant Ninja Turtles*）、《霹雳猫》（*Thunder Cats*）和《宇宙的巨人 - 希曼》（*He-Man*），会在麦当劳里央求她母亲问店员要男孩子的玩具，只因不想自己开口（这事我也干过）。为了让女性朋友和自己一起玩马力欧游戏，贝尔还得和她们讨价还价——先玩十分钟芭比娃娃，再玩十分钟马力欧。

"我觉得大家不怎么懂我。"贝尔说,"有亲戚每年送我一个芭比娃娃,但我会把它们大卸八块。我在阁楼上的游戏室里有个抽屉,有一天母亲从里面找出了三十多个被肢解的芭比娃娃,抽屉里净是些脑袋、腿和躯干。她肯定觉得自己生了个小连环杀手。其实我只是讨厌它们而已。"

这就是假小子的烦恼。我们常被定义为完全不同于自己的另一类人——人们总会用我们不喜欢的东西,而非真正喜欢的东西来定义我们。我们不穿裙子、不化妆、不爱玩过家家,也不喜欢芭比娃娃和粉红色,但我们也不是男孩子。在幼儿园操场上,我对女孩子都爱玩的跳绳完全不感兴趣,可当我跟男孩子一起玩忍者神龟游戏时,他们也一脸不高兴,说最多只能让我扮成阿普丽尔·奥尼尔,动画片里那位朝气十足又养眼的女记者。他们始终还是把我当女孩子看待。

另一边,贝尔则选择了一条中庸之道。和许多打扮偏女性化的假小子(包括我在内)一样,贝尔总喜欢扮演女性角色,但她能假想自己是在扮演男性,或转变性别的男性角色。她会假装自己是神奇女侠,也会假装自己是罗宾汉或是印第安纳·琼斯,穿着袜子跳过假想的岩浆,甚至还创造过一个叫拉菲莱蒂的忍者神龟角色。

在电子游戏方面,贝尔很喜欢在《国王秘史Ⅳ》(King's

Quest IV）中扮演英勇的公主，也为能在美版《超马2》里扮演桃花公主而兴奋不已。但1980和1990年代的游戏甚少提供扮演女性角色的机会，她又想到一个很有创意的解决办法。例如在《荣耀任务》（*Quest for Glory*）里，贝尔让游戏主角融合了她自己的性别属性，尽管主角是男性，却有一头像极了女性的金色像素长发，贝尔还给他起了一个中性的名字：克里斯。对此她解释道："我觉得这样自己就可以随心所欲地扮演女人，或是以女人的身份来扮演男人。"

贝尔改变游戏角色性别的作法恰好符合哲学家朱迪斯·巴特勒的理论。巴特勒认为性别既不是天生的，也不是后天学来的，而是一种持续进行的"表演"。性别并非由"你是什么人"所决定，而是由"你所做的事"决定。不同的社会环境、规则和期望，会接纳或拒绝特定性别表现；人们也可以通过电影、电视和电子游戏学会如何"表演"自己的性别，以便符合通常情况下的性别定式。

研究表明，四到六岁间的孩子对性别的认知和巴特勒所说一致——将它当成一种"表演"。七岁以后（此后孩子大部分时间会待在学校里），孩子们就开始严格区分不同性别，并据此表演他们各自的性别特点。到这个年纪后，男孩和女孩通常会在操场上分成小团体各自玩耍，像我这样的孩子则被夹在中间，受到两边排斥。

和贝尔谈到我曾十分渴望有像她这样的朋友陪自己一起长大时，我感慨万分。贝尔也说自己的女性朋友中很少有人能和她一起玩电子游戏，她还记得自己是唯一一个在学校图书馆里读《任天堂力量》的女孩。当我告诉她自己当年在操场上玩忍者神龟的事情时，她一脸同情地笑了出来。"我肯定会和你一起玩的！"她说道。这又让我想到：要是她真的和我一起玩，我是否就不会再觉得自己像个怪物了？

·

《超马3》里知名度仅次于浣熊马力欧的变身服装是狸猫服。狸子在日本神道传说中久负盛名，也是日本最早的吉祥物之一。在很多日本民间传说中，狸子都是一种受人尊敬的神奇生物，例如狸妖（即成精的狸子）——一种能幻化外形的捣蛋鬼。爱德华·哈里森和约翰·哈里森在他们的著作《悠闲的偶像：日本吉祥物》（*Idle Idol: The Japanese Mascot*）一书中提到："狸子捉弄人的传说版本众多，它们会幻化成茶壶或和尚，还会把树叶变成钱币，或把马粪变成美食。"

早在 1600 年代初，狸子便已获得"偶像"的头衔，那是在日本小镇信乐町，当地居民相信狸子的陶瓷塑像能带来好运。1800 年代末，狸子塑像开始在餐馆中出现，以表明店内供应狸子荞麦面，这种食物最早起源于东京狸桥附近的一家餐馆。

如今，在餐馆、商店、酒吧和某些民居，特别是农村地区，都摆放着供奉狸子塑像的神龛，人们相信里面寄宿着狸子沉睡或隐藏的灵魂。据说神龛能来带好运、顾客和财运，而狸子的塑像通常都是胖乎乎的，戴着顶大草帽，它们一般还会拿着酒瓶和空钱包，象征着大吃大喝的乐趣。

说到大，迄今最夸张的传说认为狸子是从它们那大得不像话的睾丸中汲取力量的，有些塑像甚至会把睾丸做得和狸子本身一样大。在日本各地的操场上都有学生唱："狸子蛋蛋像铃铛，风停了，它们还在不停晃荡！"两位哈里森也在书中说："不少故事都提到狸子可以把巨大的睾丸展开，足有八块榻榻米那么大。而在漫画中，狸子会用自己的阴囊当被子、雨衣、鼓，甚至降落伞来使用。"这让我难免好奇，穿上狸猫服的马力欧是否真的只是在用他的尾巴飞行和进行旋转攻击。

马力欧穿上狸猫服后还能变成雕像，这是参考了地藏（佛教中地藏菩萨的一种形态）。地藏雕像在日本遍地都是，所以马力欧变成地藏后就能与周围环境融为一体，达到隐形目的。地藏还是孩子们的守护者，任天堂大概也希望借此向消费者传递这款游戏合家欢的特点。

美国玩家自然不能理解这些背景知识。我小时候认为马力欧穿上狸猫服后能变成雕像的设计天马行空，非常酷。宫本茂很清楚日本之外的玩家难以理解这些设计中包含的文化背景，但他并不在乎，曾说："我非常喜欢这点子，就想保留在游戏里。"

恋地情结

"比历史学家更敏锐的，是地图绘制者的着色。"

——节选自诗歌《地图》（*The Map*）

伊丽莎白·毕晓普

尽管《超马3》六号世界的关卡难如登天，但它们的美丽毋庸置疑。水面上巨大的冰山、冰冻的山脉、白雪皑皑的小岛以及冰封的河流，都在地图上闪着白光。地图西北角有个小小的海湾，水面泛着层层波浪。每当我盯着这张大地图看时，总会觉得它的样子好像在哪见过。后来我终于想明白了，这就是阿拉斯加州的安克雷奇，我现在定居的地方嘛。西北角那个小海湾应该就是库克湾，而东边的那些山峰应该就是楚加奇山脉，绿色水管则标出了市区的南部边界，正好位于我公寓所在的位置。

　　二十六岁那年，我带着所有家当离开了生我养我的南方，来到阿拉斯加州这个只在电影和真人秀中见过的地方。我来到这里的原因与那些电影里的角色一样——想要探索这片天地。

·

　　在 1983 年的雅达利冲击之前，家用主机游戏深受街机游戏影响，后者的场景往往千篇一律，难度却逐步递增。这在街机上效果很好，因为游戏的目标就是让小孩子快快输掉，好叫他们多花点钱。当时的街机游戏根本无须考虑关卡设计的多样性，随意游玩和对玩家反应的严酷挑战才是设计目标。

　　宫本茂决定在家用机游戏上作一些改变，他的目标是让孩子（或孩子的父母）买下一款游戏后，能玩上很长一段时间并且通关，确保他们有意愿去买下一款游戏（或是下一台更加昂贵的游戏主机，母亲就常为这事念叨我）。这种改变带来的附加影响就是游戏里必须包含更多广阔的世界。J. C. 赫茨在她的著作《摇杆之国：电子游戏如何吃掉我们的硬币、引发我们的共鸣、改变我们的思想》（*Joystick Nation: How Videogames Ate Our Quarters, Won Our Hearts, and Rewired Our Minds*）中说："游戏的目标并非无止境地重玩，而是让你在最新潮的电子游戏世界里探索一切，探索过所有内容后，就是时候去买下一个新世界了。"

　　对探索感的重视超越了冲击高分的追求，《超马 3》正是此中典范。我们在游戏中探索阴暗的山洞、雪山顶峰、黏糊糊的下水道、巨人岛屿和金币天堂；我们跳进洪水泛滥的堡垒，攀上高耸入云的城堡，在古老的金字塔废墟中漫步，然后顶着逡巡的暴怒烈日飞奔过荒芜而酷热的沙漠。尽管《超马3》的速通总是扣人心弦，但它仍然是款可以慢慢把玩、仔细探索并找出各种秘密的游戏。

在只有三关的《森喜刚》推出数年之后，《超马1》带给玩家长达三十二关的流程，美版《超马2》也有二十关，《超马3》的关卡数则激增到九十关，不过玩家想完成游戏，并不需要打通所有关卡。在《超马3》中，玩家可以使用游戏提供的多种不同路线抵达终点，这是马力欧系列首次引入非线性流程这一核心概念，进而放宽了对玩家操作水平的要求。杰夫·瑞安在其关于马力欧游戏历史的著作中写道："这款游戏与之前游戏的不同点在于它会奖励完美主义者。简单地到达终点已经不再是游戏目标，新的目标是走遍游戏中每一个地点、完成每一项活动，沉浸在每一种体验之中。整款游戏再非一场竞赛，更像是一座游乐园。"

其他人也赞同这一说法，甚至有一部分游戏史学家认为《超马3》中主题鲜明的世界和关卡是受一场旅行的启发创作而成，这便是1987年宫本茂及任天堂开发四部几名成员的迪士尼乐园之旅。这个猜想不算疯狂——《超马 3》及其后继者（尤其是《超级马力欧世界》和《超级马力欧 64》）给人的感觉，很像是由多个可探索世界组成的主题公园。游戏中的每一个世界，都像是迪士尼乐园里的一块主题区域，以背景音乐、景观、地图、美术风格和城堡创造出独特的视觉主题与氛围，游戏中的城堡也和迪士尼乐园中央耸立着的灰姑娘城堡惊人相似。

别忘了，在迪士尼乐园里人们装扮成各种各样的动物也很平常，听起来耳熟吧？更有意思的是，拉斐尔·卢卡斯还将游戏中的木制飞船及坦克，与迪士尼乐园游乐项目加勒比海盗漂流中的船相提并论。他甚至指出《超马 3》中"强行让玩家加快节奏"、带来全新紧迫感的自动卷轴功能，可能正是受到迪士尼乐园里无可阻挡、精心编排的漂流项目启发后创作出来的。

宫本茂从没说过他在设计《超马 3》时曾参考过主题公园，但在谈到《超级马力欧 64》时却提到这点。"这就像在建造一座游乐园一样，"他谈到游戏开发时说，"我们选好地点，买下一座山，接下来就要往山上放些我们觉得很有意思的东西。"而"游戏雷达"网站的亨利·吉尔伯特也认为《超马 3》中的各种主题世界"现在看来或许有点过时，但在当时绝对是极富创意之举，2D 动作类游戏至今仍然基于这种准则创作。本作之后的每款马力欧游戏，无论其表现多么出色，都要归功于这种结构。"

●

只需看一眼第 6-1 关，我就知道六号世界和其他世界不一样。一层积雪覆盖了脚下的地面，冰块做成的平台悬在头顶。天空由浅蓝色和白色的斜条纹交织而成，像在刮一场雨雪交加的暴风雪。

《超马 3》那滑溜溜的冰上物理效果特别可恨，刚跳上冰块平台时就给了我一个下马威。第 6-1 关刚开始，我就像打第 1-1 关时那样跳上平台，吃下一颗蘑菇，随即遭遇本关第一个敌人，这家伙长得有点像一号世界的火焰吞食花，只不过这次从它嘴里吐出的不再是火焰，而是一个黑色的带刺铁球。我在滑溜溜的地上朝着它起跑，跳上半空，结果直接撞上黑色刺球。在草原之国中简简单单的移动方式，一到冰之国就让人手忙脚乱。在这光滑的地面上，我行动笨拙，手忙脚乱，时机的选择也乱套了。冰之国最主要的挑战并非可怕的雪人或极地野兽，而是那恶劣的天气。

阿拉斯加向来是各路人士心生向往的地方——探险家、自然爱好者、艺术家、不安分的人，以及为摆脱或追求某些事情而来的人。抑或是我这样的人，把前面说的这些占了个全。不过，比起其他原因，我只是更单纯地想在阿拉斯加生活。我热爱旅行，到达新地方后做什么并不重要，就想见识见识。

　　正是这种对新鲜事物的好奇心——用史蒂文·约翰逊在他的著作《坏事皆有益》（*Everything Bad is Good for You*）中的话来说，就是这种"想知道接下来会发生什么事的欲望"，使人们对电子游戏欲罢不能。探索并征服虚拟空间一直是各种游戏的主题，跳棋和"抱歉啦！"（*Sorry!*）这类桌面游戏就提供了可供征服的空间，它们也被视为《超马3》世界地图的重要灵感来源。

　　孩子尤其需要探索空间，但不是家庭或学校这样由成人主导的场所，而是像戴维和我在后院小树林里建的树屋这样的地方。研究游戏的学者亨利·詹金斯将"恋地情结"一词定义为"孩子幻想对自己所处社区拥有统治权，视之为避风港，由此产生并强化的归属感和拥有感"。当户外空间不复存在或不够宽广时，电子游戏便为孩子们的想象提供了更为广阔的舞台。《超马3》通过探索与征服主题，让孩子感觉到自己能够掌控周围环境，为他们的好奇心提供了一座虚拟游乐场。

《超马3》的探索与叙事紧密相连。追击酷霸王是你穿越整个蘑菇王国的动机。你能感到他正节节败退，最终退回位于八号世界的大本营。马力欧这场旅途也是一次征服之旅。完成《超马1》某个关卡后，你会降下敌人的旗帜，升起自己的；而在《超马3》里完成某个关卡后，其图标就会标上字母"M"，表示这里已经属于你了。通过某个关卡后便无法重新玩此关，一旦打通，关卡便告结束。城堡将彻底倒塌，告别历史舞台。

•

帮助玩家探索《超马3》世界的大地图，也和主题世界一样具有革命性，这种革新并非在技术层面，而是体现在它与游戏的完美结合。软件开发工程师詹姆斯·克拉伦登说："大地图其实并不新鲜，但《超马3》的大地图却与众不同。早期游戏如世嘉的《剑圣传》（*Kenseiden*）也有带地貌和故事背景（德川幕府时代）的大地图，但这些地图与关卡选择菜单并无不同。《超马3》的大地图则是游戏整体的一部分，它能让你真正感受到游戏在不断推进，展示出一条清晰明确、穿过全部主题世界的路径：你可以看到有道路连接各个关卡，在脑海里规划一条通往终点的路线，不同的岔路则允许玩家跳过（或用消费道具来避开）那些困难的关卡。"

不仅如此，《超马3》的大地图还意味着游戏内容不再限于各个关卡本身。玩家可以在地图画面上追击酷霸小子的飞船、划独木舟、使用一些特殊地图道具（比如船锚、音乐盒、锤子，以及朱盖木的云朵），或是通过钻水管和敲碎砖块来发现地图上隐藏的秘密地点。同时，在地图上巡逻的锤子兄弟也带来了难以预料的挑战，为玩家提供又一种小游戏和相应奖励。我不知道锤子兄弟到底算是守卫、雇佣兵、捣蛋鬼，还是单纯喜欢瞎逛的蠢蛋，但它们是主角兄弟遇到的最佳"兄弟"敌人。

此外，虽然《超马1》和美日两版《超马2》已经在关卡内部引入了跳关功能，《超马3》则通过传送笛这种道具将该功能发扬光大，让你在不同世界间跳跃。宫本茂早在街机版《越野摩托》里便使用了传送区的概念，玩家可以从三个关卡中任选一个，不必重复游玩已经熟练掌握的关卡。

比起《超马1》中有三根水管的传送屋，《超马3》的传送笛让传送的感觉更加刺激。笛子吹奏出的古怪旋律（与《塞尔达传说》中同一道具吹奏出的音乐相同）

和召唤来的白色龙卷风（同样来自《塞尔达传说》）共同营造出一丝神秘气息，并将你带到一张完全不同的地图——传送区，一座遍布水管的岛屿，游戏中的九号世界。正如鲍勃·奇普曼所指出的，这支模样（以及声音）更像竖笛或者长笛（日版名字就叫"竖笛"，西班牙和德国版则叫作"魔法长笛"）的传送笛，标志着任天堂的游戏设计者首次从自家的另一个系列作品中发挥拿来主义，或许正是为了点明游戏本身的"游戏性"。这是《超马3》中众多的内部笑谈之一。

简而言之，《超马3》的地图界面让玩家能够把握游戏中每一个世界的特色，了解其中包含的关卡、奖励，同时——也许这才是关键——凸显出场景的广袤宏大和变幻多端。在这幅辽阔而又多姿多彩的地图上，玩家前进道路上的所有环节一览无遗，由此营造出前所未有的史诗感。

●

住在阿拉斯加的人最常被问到的问题是："你怎么熬过冬天？"有趣的是，这个问题其实更适合去问居住在南方的人，因为一到冬天，可怕的暴风雪会把那里的道路封死，迫使学校和企业关停，甚至毁坏供电设施。其实人们最关心的不是雪，而是黑暗。在安克雷奇，一年中最短的白昼仅有五个小时，即便在这短短的五小时里，太阳也只是暗淡地悬挂在地平线附近，仿佛刚刚升起就彻底耗光了能量。十二月和一月是每年最难熬、最黑暗的月份，对我这样的初来乍到者尤甚。

但是没人会关心相反的情况。没人问过："夏天太阳一直在天上是什么感觉？"或是"太阳过了午夜都不会落下，让你一直精力旺盛，那时候会干点啥？""既然有那么多时间能进行探索，你感觉这个世界有多大？"

•

当然，《超马3》专注于探索的最佳产物，还是那似乎无穷无尽的秘密要素：隐藏道具、隐藏捷径、隐藏的神秘宝船、隐藏的奖励房间、隐藏的金币天堂、关卡中的隐藏区域、隐藏的传送笛、大地图隐藏区域、游戏开发者安放的隐藏彩蛋、隐藏的内部笑话，我还可以列举很多。通往这些宝藏的众多途径最能说明游戏中有着那数量庞大的宝藏——隐藏的粉色音乐盒、豆茎、水管和开关砖块，以及流沙和天空中的平台。相信每个《超马3》

爱好者都会记得他们第一次从白色平台落到背景后面的情景，或者是头一回在酷霸王城堡台阶顶端找到扭转乾坤之物——隐藏奖命蘑菇的奇妙一刻。整个游戏最大的乐趣之一，就是一旦你发现了宝藏，便再也不会忘记。

·

第 6-5 关是《超马 3》中最棘手的迷宫关卡之一。想要逃离这个看上去连出口都没有的地下冰窟，你首先得明白它实际上是一个迷宫，但不是传统意义上的那种。你必须记住两件事：第一，《超马 3》鼓励探索；第二，飞行能力在《超马 3》中至关重要。大部分玩家在发现本关奥秘之前就会耗光时间，至少死上一次，只因出口很狡猾地设在天花板一个角落里，冰窟地面上根本没有出路。这点非常容易忽视，因为在本关之前，游戏中的洞窟关卡一直让人们以为飞行能力在这些地方毫无用处，这些幽闭狭窄的洞窟大都有低矮的天花板，在这类关卡中，火之花比超级树叶更能派上用场。

踏入阿拉斯加州兰格尔山脉肯尼科特冰川的第一个洞窟，对我而言也是一种全新的体验。为了闪避篮球大小的落石（其中一块差点砸到我），我不得不迅速穿过洞口，心里异常紧张。没想到身处巨大的深蓝色洞窟内部时，我却感到十分安全。尽管出发前我确实担忧过洞窟会因上方巨大冰川的重压而塌陷，现在却一点也不担心了。甚至当我们来到洞窟最深处的穴室，关掉头灯，被此生从未见过的黑暗淹没时，我依然镇定自若——这片虚无仿佛吞噬了整个世界，让你觉得在洞穴中呼吸的就是黑暗本身。

洞穴是人类最初的容身之所——至少是最早留下人类艺术作品的地方——马力欧的冒险之旅很大一部分也发生在洞穴中。关于宫本茂最有名的一条趣闻就是，他小时候曾意外发现离家不远的山上有个山洞，正是在这件事的启发下，他才会为游戏注入探索精神。《超马1》和《超马3》地下关卡中出现的洞窟都很逼真地还原了现实，但游戏却充满奇妙的氛围。这就是洞穴的妙处，柏拉图深谙其道：踏进洞穴之后，你会觉得自己和以前判若两人；洞穴在你探索完毕之后就不再新奇，而你自己却焕然一新。

马力欧跌跌撞撞地从《超马3》六号世界的冰层上溜过，不过在系列后续作品中，他显然像我一样适应了严寒环境。《超级马力欧64》里，他在冰滑梯比赛中打败了企鹅；在《超级马力欧银河》里，他甚至能吃下冰之花，让寒冰为己所用；等到《New超级马力欧兄弟Wii》中的企鹅服登场时，马力欧已经是个冰上高手。从很多层面上看，这就是马力欧系列的精髓——在某一作游戏或是某一系列游戏上逐渐进步、终成大器。虽然不会去找企鹅玩冰滑梯比赛，但我相信，经历过一个又一个冬季，我在极地圈附近的这个家会越来越舒心。

●

　　打败六号世界的首领莱米（这家伙脚踩绿球，颤颤悠悠地滚来滚去）后，我们收到了一封来自桃花公主的信，信上透露了一支传送笛的位置，还添加了一只啪嗒啪嗒翅膀作为附件（所以这是封电子邮件咯？）。公主在信上说："请把藏在第三个世界尽头黑暗中的传送笛找回来吧，随信附上一样宝贝，助你一臂之力。"桃花公主所说的"第三个世界"并不是指三号世界海之国，而是游戏的第1-3关。在那里，你只要蹲在一个特定的白色长块上等一会，就能穿过它掉回地面，来到游戏背景后方。这支传送笛也确实藏在黑暗之中，毕竟关卡末尾的"后台"区域就是一片漆黑。

　　公主的其他几封信写得同样隐晦。例如，在三号世界最后拿到的那封信上，她告诉你："白色方块充满魔力，定能助你战胜强敌。"这个白色方块到底是什么玩意？是冰块吗，还是那些跳上去能弹起来的音符砖块？是朱盖木的云朵？还是说，其实就是随信附件中能够播放可爱摇篮曲，在世界地图上让锤子兄弟睡着的音乐盒？又或者，她在暗示第 1-3 关那个蹲在上面就能掉落到背景后面的白色平台？

如果是最后那种情况，三号世界和六号世界的信就指向了同一个隐藏在游戏初期的秘密。四号世界的信也一样，公主在信中写道："小偷将笛子盗走，逃向东边的沙丘（这里说的是藏在二号世界里的传送笛，说明书上称其为'沙漠之国'）。"

对这三封迟来之信的唯一解释是：游戏鼓励你通关后再次挑战，重打一遍。游戏学者肖恩·芬提在一篇研究游戏怀旧情结的文章里提及："我们想要回归到一种纯粹的乐趣中去，这种乐趣一方面源自对另一个世界的了解逐渐加深，另一方面也是因为游戏世界与我们日常世界之间的巨大差异。"《超马3》正如阿拉斯加的洞窟，以及我们的记忆本身一样，时刻引人重返并深入探索那崎岖但尚待征服的世界。

征服者马力欧

"我为你们带来——电子游戏——大决战！！"
————电影《小鬼跷家》中的主持人

在华盛顿特区中心地带一个叫亚当斯·摩根的社区里，有家名为"烟与酒桶"的酒吧，这里的每个周末都如同春假般快活。亚当斯·摩根社区就像是座梦幻岛——五光十色的酒吧和俱乐部星罗棋布，无论什么年纪的顾客，在这里都像孩子一样。"烟与酒桶"酒吧的威士忌很有名，我和朋友达比喜欢待在酒吧地下室的桌边，边喝威士忌边在《超马3》的三号世界里奋战，以逃避我们的研究生作业。我们躲避着大嘴鱼的血盆大口，每次关卡被危险的洪水淹没时，鱼嘴离我们都只有一口之遥。酒吧角落里放着一台 NES 主机，这点子真是棒极了，更棒的是我们决定直接坐在主机旁边。

"要不要用个传送？"达比问我。

我回答说："没想好，不知道酒吧什么时候关门。"我俩就来这里玩游戏的主要目标十分默契地达成了共识——玩到哪儿算哪儿。能玩更多的关卡固然更好，至少得在离开酒吧前打败一两次酷霸王。

"我觉得还是传送好了。"她说。

我们传送到七号世界水管之国，迎接我们的是带低沉爵士风格的地图背景音乐和由绿色水管组成的迷宫。我们第一次把这台老旧 NES 主机从酒吧昏暗的地下室里翻出来启动时，高兴得几乎要晕过去，然而画面上只有 NES 主机经常出现的花屏图像。像所有 1990 年代出生的孩子一样，我们最先想到的解决方案是把卡带拔下来吹一吹，但这招不管用（往卡带吹气就能修复的方法只是玄学或自我安慰，搞不好还会损坏卡带）。最后，我把自己那台笨重的翻盖手机掰开压在卡带顶上，才解决了接触不良的问题。

　　夜幕渐渐降临，我俩会在每次死掉或过关的时候将手柄交给对方，来回交替玩。地下室的顾客渐渐多了起来，他们聊得热火朝天，偶尔还会挤到我们桌边。但我俩的全部注意力都集中在游戏上——一款发售于二十年前，但至今依然能让我俩感觉回到童年的游戏。更正：此刻，在华盛顿特区的这间社区酒吧里，我们确实回到了童年。

●

　　从来没有哪款游戏能像《超马 3》那样深刻影响美国儿童文化，当年它的市场营销活动无人能及，即便现在也没几款游戏可以匹敌。历史学者特里斯坦·多诺万写道，任天堂"就像很多电影制片厂宣传自己最新的大片一样，花费几个月时间将消费者对游戏的期待值提升到了顶点"。

任天堂为《超马3》制作了电视广告，联手麦当劳推出定制版开心乐园餐玩具，刊发《任天堂力量》杂志首本攻略特刊，举办"任天堂校园挑战赛"，以及生产一大堆周边产品和纪念品等（包括玩具、服装、食品和很多别的东西）。本作甚至还在电视领域占了一亩三分地。原本任天堂已经有了一档电视节目，即1989年秋季开始播放的动画片《超级马力欧兄弟：超级秀！》，但《超马3》居然还有自己专属的电视节目——美国全国广播公司电视台卡通频道于1990年播放的动画片《超级马力欧兄弟3大冒险》（*The Adventures of Super Mario Bros. 3*）。

《超马3》代表了任天堂在美国游戏市场的巅峰时期，这也是马力欧的黄金年代。它是1990年代任天堂与世嘉打响主机大战前的最后一款马力欧游戏，其后的岁月里，任天堂因自己打造的品牌形象——温馨的卡通风格合家欢产品——成为世嘉的嘲笑对象。

在《超马3》的时代，任天堂是整个行业的主宰。作家戴维·谢弗在1993年时曾这样评价任天堂：凭借着营销、媒体、《任天堂力量》杂志和游戏咨询热线，任天堂以一己之力"对美国"完成了一次"无孔不入的突击渗透",其本身甚至已"成为一种文化"。

盖尔·蒂尔登说:"当时任天堂的 NES 主机在硬件市场销量表上遥遥领先……所以人们在购买游戏时都会优先考虑 NES 版游戏。我们彻底打败了世嘉的 MS 主机(Master System),天下无敌。任天堂当时独霸硬件市场,因此《超马 3》这样制作精良、宣传上也不遗余力的第一方游戏自然成为人们愿望单上的首选,它是一部人人必买的大作。"

因此,《超马 3》影响了 1975 年至 1990 年之间出生的整整一代人,有些学者干脆把他们称作"任天堂一代"。赫茨评价电子游戏在儿童生活中的重要性时说:"如果《公民凯恩》(Citizen Kane)的故事发生在二十一世纪,那么奥森·威尔斯的台词就会从'玫瑰花蕾'变成'马力欧!'"汤姆·比斯尔则在他的著作《额外生命:电子游戏为什么重要》(Extra Lives: Why Video Games Matter)中回忆起某次游戏展会上与他人的谈话内容:"到 2020 年,美国总统很可能是个曾经在 NES 上玩过《超马 1》的人。"

数据证实了这些观点。《超马 3》在北美发售三年后,一项针对中产阶级家庭出身的七、八年级学生的调查显示,百分之六十七的女孩平均每周会花上两小时在家里玩电子游戏，而百分之九十的男孩平均每周要玩四个多小时游戏，并且有很大几率是在玩《超马3》。《超马3》发售后，任天堂在整个家用主机市场上占据将近百分之八十的份额，三分之一的美国家庭（大约三千万个）拥有任天堂主机。

霍华德·菲利普斯指出，当时任天堂的市场统治地位，直接让《超马3》在几个月的时间里无处不在。游戏的发售时机也选得很合适。"（《超马3》）定在初春发售，时间点非常巧妙。"菲利普斯说，"如果你更多地站在用户角度想问题，就不仅要考虑'发售什么'，还要懂得'何时发售'。"游戏于1990年2月发售，孩子们收圣诞礼物的新鲜劲正好过去，陷入冬去春来、季节交替时的游戏荒。此时任天堂已经将注意力转移到便携游戏领域，当时除了需要动点脑筋才能玩好，因而受到年长玩家欢迎的《最终幻想》外，没有太多主机游戏新作发售——自然人人都玩起了《超马3》。

菲利普斯说："《超马3》相当于接管了整个市场。玩家的体验也不一样，因为他们不再独自玩游戏，而是和所有人一起玩。（北美任天堂总裁）荒川实对成功产品或游戏的定义就是，所有人都会同时玩。你很容易从孩子与朋友在游乐场和学校谈论游戏的过程中感受到那种协同与共享的精神，让人觉得玩这款游戏是一件人人参与、彼此分享的有趣之事。"

　　菲利普斯认为，制定这款游戏的发售时间比北美任天堂之前所有推广工作都更重要，他说："当然，那时候彼得·梅因（前北美任天堂销售与营销执行副总裁）正抓紧部署公司的营销策略，花了很多钱。但从玩家角度讲，你要知道，那时候的玩家对游戏可是了如指掌。"

　　"多亏了《任天堂力量》杂志，孩子们会订阅这份杂志并和朋友分享内容，"菲利普斯谈道，"基本上每个孩子都知道当季排名前三分之二的热门游戏的发售日期。到《超马3》发售时，所有人早就知道了。还要为这些游戏做市场推广和制作电视广告吗？当然要，这点很重要。没错，孩子们已经知道本作即将发售，但营销目标主要是为父母提供参考，让他们觉得：'哦，那个游戏看上去挺不错的，也不吓人。还是任天堂那些好家伙做的，也许我该给孩子买上一份，或者鼓励他们把圣诞节从奶奶那拿到的钱花在游戏上面。'"

　　《超马3》在北美上市延期，使人们对游戏的期待更加高涨。《超马3》早在1988年10月就于日本发售了，而美国消费者不得不因内存芯片紧缺再等上整整十六个月。《纽约时报》于1988年11月刊登的一篇文章称，内存芯片的紧缺是"由于需求量增加及美国限制对日芯片贸易所致"。

话说回来，游戏在北美市场的延期也可能是出于战略考虑。任天堂发言人比尔·怀特在 1989 年 3 月《今日美国》（*USA Today*）发表的一篇文章中称："我们将游戏的产量从 1988 年的三十二款缩减到 1989 年的十九款，是为了制作更多人们想要玩到的游戏。我们认为美版《超马 2》的销售情况依然喜人，因此在 1989 年就发行（《超马 3》）有点为时尚早。"

无论原因何在，这次延期回报丰厚。科比·迪拉德为"任天堂生活"（Nintendo Life）网站撰文时写道："在电子游戏史上，几乎没有哪款游戏能像《超马 3》那样在发售前就受到万众期待。"到 1990 年的圣诞季，即在美国市场发售十个月后，《超马 3》依然在全美玩具销售排行榜上排名第二，仅次于 NES 主机，连美版《超马 2》也在前十名中占有一席之地（奇怪的是《塞尔达传说》系列竟然在榜单中缺席）。很显然，马力欧已经深入人心：1992 年，一项由市场数据公司（Market Data Corporation）进行的研究表明，百分之九十六的受调者知道谁是马力欧，百分之八十三表示喜欢他。

前女子电竞战队"杀手娃娃"（Frag Dolls）队长摩根·罗明认为，《超马 3》能实现这样的成绩，可能和它正好处于广告史上特定的"黄金点"有关。罗明目前在育碧（Ubisoft）担任社区及线上销售经理，她认为当时《超马3》的超大规模营销方式放到今天很可能会一败涂地。因为在1990年代初，游戏营销人员可以把目标选定为年轻男性消费者，他们既没被导致雅达利冲击的电子游戏广告轰炸得兴味索然，也不像今天的很多玩家那样，一旦发现自己成为营销对象就怒不可遏。

·

《超马3》取得前所未有的成功时，北美任天堂的营销广告部门也正在成长壮大、日趋成熟，开始在特定领域发挥专长。盖尔·蒂尔登就是北美任天堂初期的功臣之一，深谙任天堂的营销之道。她最早负责NES主机在纽约进行北美首发的品牌、营销、公关工作，之后主管美国最早的主流电子游戏杂志《任天堂力量》。

蒂尔登说，在《超马3》最风光的年代，当时的北美任天堂"雇用了许多销售界的人才。之前像我这样的人都很年轻，是从公司内部成长起来的，新招募的人则为我们带来了外部的新鲜血液……他们背景各异，学的是不同的营销方法。我们终于有了专职的公关、促销、广告部门，以及专门与零售商打交道的部门，确保所有商品销售正常，保证库存时刻充足……整个美国公司逐步成熟，迅速扩张，这一切都是与《超马3》的营销同时发生的"。

《超马3》也是北美任天堂斥巨资营销却无须担心失败的首批游戏之一。此时距雅达利冲击结束还不到十年，《超马1》及《超马2》时期的宣传仍然受到那次冲击的影响，北美任天堂为此定下很多保守的营销策略。他们心里清楚，一旦像雅达利那样制作一些糟糕的游戏让玩家失望，整个行业会彻底毁掉。蒂尔登说，当时为了避免出现这种局面，早期NES游戏的包装盒、广告和《任天堂力量》杂志都严禁过度宣传。

"在《乓》(*Pong*)流行的年代，人们会给它起个类似'乒乓球'的名字，包装上有两个人扣杀的画作或是照片，"蒂尔登说，"但当你打开游戏机、连上电视，就会发现不仅画面是黑白的，自己也只能不停移动两根短棍击打代表乒乓球的点。我们认为，正是这类过度宣传让人们对第一代主机深感失望。所以在1985年（NES主机）发售时，我们采用了更加保守的像素风格包装，避免夸大表现游戏内容。"

这种像素风格包装在诸如《超马1》《越野摩托》《密特罗德》等游戏上持续使用近两年。蒂尔登说："直到《超马3》发售，我们才开始使用彩色封绘，因为此时我们确信游戏的内容肯定能让人们满意。"

我在电话里告诉蒂尔登："我觉得在如此高频度的宣传攻势之下，不管你们往《超马3》的包装盒上画什么，人们都会为之疯狂。"

"哦，是啊，很有可能，"蒂尔登回答，"当时对于我们来说也是一次重大转型。"

营销、印刷及图形设计技术的进步促成了这次转型，任天堂能够以更丰富的色彩和更美观的视觉效果来呈现游戏。对蒂尔登而言，《超马3》标志着马力欧在宣发材料上的视觉形象迈入了全新时代。"（北美任天堂拥有）越来越多色彩斑斓的美术图案……印在T恤和午餐盒上，或是制作成各种标志性的图画。"蒂尔登说。《超马3》的封绘就是浣熊马力欧的彩色卡通形象，在明亮的黄色背景下，一边咧嘴笑一边飞翔。

当然，雅达利冲击造成的影响依然存在，执著于让消费者不再失望的任天堂便在《超马3》宣发工作的品控上用足了力气。"在那段时间里，首要目标毫无疑问……就是让消费者对游戏体验感到满意，并继续购买（其他游戏）。"蒂尔登说。

"为保证游戏质量，北美任天堂设立了之前我和菲利普斯探讨过的内部评级系统。"谈到该系统时，蒂尔登说，评级系统给予游戏的评分将决定"任天堂是否为那些（高质量）游戏提供额外的支持，帮助它们获得消费者关注。例如在《任天堂力量》杂志这样的渠道上，我可以根据评分来决定该在封面上推荐哪款游戏"。

也就是说，得分最高的游戏就能获得额外关注，如《迈克·泰森的拳无虚发！！》（*Mike Tyson's Punch-Out!!*）或《塞尔达传说》。蒂尔登说，即便获得任天堂授权的开发者投入大量资金开发一款糟糕的游戏，还为此大做广告，自掏腰包让任天堂生产一大堆卡带，也不会有影响。因为这款游戏若是没能获得足够高的内部评级分数，就上不了《任天堂力量》杂志的封面。这样一来，《超马3》能拥有如此规模的营销活动也就不难理解了。

·

在北美任天堂发展初期，一切存在风险的市场决策都是由荒川实拍板的。

"日本的山内溥先生是任天堂的总裁，而在美国，我们当时的领袖是荒川实先生。"蒂尔登说，"我记得那时除了他们两人通电话或是以传真机通信外，两边的公司没有定期沟通机制，市场也彼此独立。所以当我们打算做一些有趣而具有开创性的事情，例如在纽约进行试售时，全靠荒川先生的决断和魄力。"

"他真的很了不起，我可不骗你，"她接着说，"他是最能鼓舞人心的领导者，我们都愿意死心塌地跟着他干。他需要为购置和生产做出决定，判断像《超马3》这样的游戏该开展多大规模的宣传活动，这可不是大不了多刻几张光盘就能解决的问题。为保证万无一失，他经常要提前六个月做决定：'我打算买五百万张卡带，用船运过来，我们还要买下所有的电视时段，开展大规模的宣传活动。'"

荒川实最冒险的决策之一是创办《任天堂力量》杂志。他在日本看到各种游戏出版物都很畅销，便认定它们能很好地融入美国的儿童文化。"那时（美国）根本没有游戏出版行业，大家都知道整个行业在 NES 主机到来前基本处于歇业状态，我们可算是白手起家。"蒂尔登说道。《任天堂力量》创刊于 1988 年，2012 年停刊，曾经创下在最短时间内达到一百五十万订阅量的杂志行业纪录。每期杂志中都包含游戏要点提示、攻略、评测和游戏开发幕后故事等内容。发行头十年中，《任天堂力量》没有刊登过任何外部广告，这意味着它实际上是粉丝付费阅读的促销工具。

《任天堂力量》显然是一种营销工具，但蒂尔登坚信杂志的真正目的远比推广游戏更深远。"它确实是一种营销载体，但是……杂志的使命是让消费者对他们购买的游戏更加满意。"蒂尔登告诉我，"别忘了，那时我们依旧担心人们买了游戏后不喜欢，要是一个家庭买了许多款不尽如人意的产品，也就是说买了一些不那么好玩的游戏，他们可能就不会再买 NES 主机上的游戏了。杂志既是营销活动的一部分，也为消费者服务。"

攻略是基于相同理念出现的。《任天堂力量》原本只是双月刊，但《超马3》发售时，整个团队决定首次用一整期杂志刊登游戏攻略。《任天堂力量》曾经分期刊登过美版《超马2》的上下篇攻略，任天堂也出品过《塞尔达传说》和《勇者斗恶龙》的口袋攻略书。但《超马3》攻略却头一回占用了整期杂志的篇幅。《超马3》攻略大获成功后，《任天堂力量》开始在两期常规刊物之间增发一期双月攻略专刊。蒂尔登还会给新订阅用户免费赠送一期攻略专刊，以增加订阅量。当然，任天堂印制这些攻略的核心目的，仍是出于对品控的重视。

"任天堂仍然认为，我们需要确保任何一个购买游戏的人……都对它感到满意，并能找到办法通关，还会主动购买更多游戏来填充（他们的）游戏库。"蒂尔登说，"假如你玩游戏卡关了，或是不知道该做什么，父母就会说：'我说，我可给你买了这游戏，你却没打通。'"

．

七岁时，《超马 3》攻略专刊——第十三期《任天堂力量》杂志——是极少数被我视作圣物的宝贝之一。无论是乘车旅行，还是去学校，哪怕是待在树屋里，我都会带上这本印刷精美的杂志。我反复读过无数遍，就算把游戏打通好几遍，又跑去玩其他的游戏许久之后，也仍然在读。杂志上每个字和每张图片我都仔细研读，仿佛它是一部宗教典籍。

这本攻略确实是一件精美的艺术品，在封面醒目的红色背景上，浣熊马力欧正准备和山上排队冲下来的酷霸小子决一胜负，山顶的酷霸王则注视着一切。攻略使用的卡通插画和幽默介绍文字会让你沉浸其中，感觉看书和玩游戏一样有趣。比如汪汪就被描述成"电子游戏中最沮丧的坏家伙"，因为"没有人尊重"他们。此外，提醒一下那些不知道的人，二号世界最后那座大金字塔的官方名称是"蘑菇卡蒙大金字塔"。

当然，攻略中最棒的内容是地图，它们彻底满足了玩家的探索欲。全书八十四页内容基本上都是由地图组成的——这也是用来寻找各种宝藏的必要工具。看着这本父亲于 1990 年随游戏买回来的攻略书，我终于明白为什么他能找到那些只靠自己根本发现不了的奖励区域。

攻略上标明了传送笛、金币天堂、藏宝船等位置，告诉你哪些水管只能穿青蛙服钻进去。书中还解释了如何让白色特别版奇诺比奥的家出现，描述了多种无限增加额外生命的方法，其中也包括著名的"龟壳反弹法"（踢一脚啮库啮库的龟壳，让它在两个障碍物间来回反弹，杀死不断刷新的敌人，如弹头杀手或是刺虫）。攻略上甚至提到——当然是那些能够确定的部分——每场对锤子兄弟的战斗结束后，以及在每个奇诺比奥的家中你能获得哪种道具(有些奇诺比奥的家里其实只有一种道具，不管选哪个箱子都一样；有些则是随机给予的，攻略没法告诉你结果)。

我在电话里问蒂尔登，他们如何在《任天堂力量》里为这样一款满载宝藏的游戏制作一份没怎么剧透的攻略。

"大伙都非常小心，生怕剧透。"蒂尔登答道，"我们通常不应该泄露最终头目及最后的场景，在《任天堂力量》的攻略里也是如此，直到两三个月后开始讨论最终头目战的策略与战术时才能解禁。尽管你可以在攻略里直接看到后面的关卡，但以我的经验看，很多人只是借助攻略弄明白自己要怎么操作。"蒂尔登也指出，即便有攻略的帮助，像《超马3》这样的游戏仍需要玩家有双"灵巧的手"。"所以，即便有提示告诉我'这儿的水管会出来三颗蘑菇'或是其他什么的，我还是跳不上去！"蒂尔登笑着说，"我没办法踩到乌龟，再把它的壳踢向那些挡路的家伙，我实在玩不来。"

攻略和地图确实将游戏里的秘密和各种策略讲得很明白，但并未包含一切。比如说，攻略把最后与酷霸王的决斗留给玩家自己体验。酷霸王的城堡和之前的关卡不同，并没有详细的地图，只有一些神秘提示和几张截图，也没透露酷霸王的房间模样。攻略最后一页画着大大的酷霸王卡通形象，旁边写着："恭喜你来到酷霸王房间的门口！准备好了吗？从这里开始就要靠你自己了，所以你最好已经准备完毕！把他打个落花流水吧！！！蘑菇王国就靠你了！"

不管有没有剧透，看着攻略玩游戏毫无疑问是很有趣的。"我儿子以前经常说，在发售日当天就'把游戏和攻略一起买回来'。"蒂尔登说，"他总想要那些攻略。我们家隔壁的孩子有《塞尔达传说：众神的三角神力》攻略，他经常看那本攻略，都快翻烂了。"

据蒂尔登说，为攻略制作地图在当时是项了不起的技术。"把地图和提示放在一起的点子非常有挑战性。"她说道，"想象一下，当时你可没办法把游戏录制下来，再拿到电脑上编辑。那时候根本没这么先进。大伙通过拍照片来制作游戏中的地图。有几家日本公司在这方面很有经验。事实上……在头三年里，（《任天堂力量》）所有的插图都是在日本制作的。我们……在美国策划每一期杂志的内容，完成文本；日本方面则制作图片，我们飞去日本，和他们一起校正内容，再飞回来完成印刷。"

蒂尔登说她非常喜欢《超马3》，因为它的内容十分庞大，足以写出一整本攻略。"对我来说，《超马3》代表了一次重大飞跃，它意味着主机游戏再也无需和街机游戏作对比，说明在家里玩的游戏更好。"蒂尔登说，"这款游戏需要玩很长时间，目的也不是简单的'拿高分'什么的。一个能让人长期玩下去的游戏在当时是新鲜玩意，对我来说，《超马3》是这个新方向上的一次重大转变。"

•

在《超马3》的营销手段中，唯一能与《任天堂力量》相提并论的就是电影《小鬼跷家》了，这部于1989年上映的长片存在的全部意义，无疑就是为《超马3》造势。尽管它也有剧情 [和电影《雨人》(*Rain Man*) 的剧情类似，可表演水平拿不了奥斯卡奖]，但谢弗在他对任天堂早期历史的研究中总结道："与其说《小鬼跷家》是一部艺术作品，倒不如说是一部一百分钟长、数百万家庭付费观看的任天堂广告。"

电影讲述了在一系列家庭危机阴影笼罩下，由弗雷德·萨维奇饰演的少年科里与弟弟吉米前往加州参加电子游戏锦标赛这一路上发生的故事。电影的最高潮，并不是结尾处温馨和睦的大团圆场景，而是锦标赛决赛阶段公布的《超马3》。这一幕中包括十分钟从未披露过的《超马3》实际游戏影像，里面充斥着各种各样的错误和矛盾之处：主持人把第1-3关称作"二号世界"；吉米要么在几秒钟内就完成了第1-5关，导致观众一眼都没看到，要么直接跳过去了；尽管当时没人见过《超马3》，观众却似乎都知道传送笛是做什么用的；锦标赛的计分系统也十分奇怪，让粉丝在很长一段时间内都摸不着头脑。

《小鬼跷家》带我们回到前互联网时代，美国孩子没法看到游戏预告片的时候，给了他们提前一窥这款万众期待大作的珍贵机会。看过游戏片段后，美国孩子还要等上漫长的两个月才能拿到游戏，这将他们的期待值推至顶点。

尽管《小鬼跷家》在逻辑及风格上都有缺陷，它却将电子游戏——尤其是《超马3》——带进主流文化，而且作为广告而言相当成功。此外，影片的档期也与《超马3》在美国十六个月的延期密不可分。高点大学传媒学副教授兼媒体生产及研究学会主席斯蒂芬·霍尔对此评价说："（游戏延期）让他们得以在电影中进行植入，这种广告及推广手段此前从未出现过。"

影片不仅给《超马3》做广告，也宣传了NES主机、《任天堂力量》杂志和任天堂的咨询热线，海报上有以《双截龙》（*Double Dragon*）和《忍者龙剑传》（*Ninja Gaiden*）为代表的众多游戏，当然还有那命运多舛的能量手套。"我爱死能量手套了，"电影的反派卢卡斯在一个著名桥段中虔诚地说道，"它简直太邪门了。"尽管卢卡斯说的"邪门"（bad）或许是1990年代的俚语，实际上代表"棒极了"的意思，如今的观众显然会因为能量手套那糟糕的设计而把这句台词当真。

现在再看《小鬼蹬家》，我心中充满对童年的怀念，或许是因为这部电影完全遵循了1990年代儿童影片的套路。就像宫本茂小时候去探索洞窟一样，这一年代电影和电视剧中的小孩基本上都在我行我素地瞎闹，还没大人看管。《小鬼蹬家》《小鬼富翁》（*Blank Check*）和《小鬼当家》（*Home Alone*）中的孩子都一直在逃避奇怪的大人，即便是《淘气小兵兵》（*The Rugrats Movie*）里小宝宝的生活也完全独立于他们的父母。与此同时，这些电影还会让你产生一种"一切都会好起来"的感觉。比如在《小鬼跷家》中，孩子们可以安全地坐在奇怪的机车帮摩托车后座上，完全没问题。孩子们有自己的生活、自己的暗号（当然，总得夹杂几句脏话），以及属于自己的冒险。他们会在冒险时随身携带一些重要的补给，弗雷德·萨维奇那个箱子里就装着橡胶地精面具和假蜘蛛。

●

　　如果哪款游戏能像《超马 3》那样影响一代人，就一定会成为强有力的怀旧符号，这在游戏行业早已屡见不鲜。早在 1994 年，《新闻周刊》（*Newsweek*）就刊登过一篇名为《怀旧情结有其专属陷阱》（*Nostalgia Has Its Own Pitfalls*）的文章，内容是一些玩家参观博物馆，玩经典街机游戏的故事。当时，任天堂和世嘉的主机上都发布了新版本的《陷阱！》（*Pitfall!*），这款游戏最初于 1982 年在雅达利 2600 主机上发售。文章作者指出："计算机时代的怀旧情结来得特别快。"

　　谈回《超马 3》，马力欧不仅拿下了市场份额，还征服了千千万万美国孩子的心。在经历游戏发售前兴奋而急切的等待，和玩到游戏时的快乐之后，我们作为成年人强烈怀念的不仅是游戏本身，更是玩到游戏前的那份期待感。

　　菲利普斯认为《超马3》能让人们产生怀旧情结，是因为游戏所使用的儿童向卡通美术风格与少儿时期的纯真完美契合，在游戏渐渐开始失去童真的时代，这一设计在玩家内心深处创造出深刻而快乐的记忆。像《忍者龙剑传》《最终幻想》《双截龙》和《恶魔城》（Castlevania）这样更复杂、更暴力的游戏在色调和主题上都很黑暗，更吸引年长的玩家。《超马3》则正相反，故事简单有趣，基调也更幽默。

　　"玩（《超马3》）的感觉真是既有趣又奇妙。"菲利普斯说，"就像是最后一次相信圣诞老人存在，或是最后一次以孩子身份去迪士尼乐园玩，觉得里面的一切都是真实的。它代表着简单、积极、乐观的世界观和游戏性。再看看同时期那些游戏，没有一个能让人如此快乐地逃离童年的各种考验和苦恼。此后，游戏越来越硬派和严肃，就像在问玩家：'你真就是自己号称的那种科幻战士吗？'马力欧给人的感觉则是：'呀吼，你能飞吗？你能飞得更高吗？你还能再傻一点吗？'"

　　难怪我们会对《超马3》那充满古怪青蛙服和瞪眼栗子小子的简单世界念念不忘。菲利普斯说："我常和从任天堂八位机时代过来的粉丝聊天，他们在回忆某个游戏有多酷时，眼中总会闪现出光芒。他们谈起玩过的游戏，谈起曾经和自己的兄弟、父亲或是最好的朋友一起玩游戏，谈起曾经在夜里躲进被窝偷偷打手电看游戏杂志，免得被母亲发现。谈起这些美好瞬间时，他们仿佛又变回了孩子。"

·

以上这些讨论最终引出一个重要问题：我们能否客观讨论《超马3》的品质？或者说，我们真能不带任何怀旧情结去谈论游戏特点吗？我在本书中长篇累牍地讨论这款游戏的优点，但这是否仅仅出于昔日情怀，抑或我对父亲和弟弟的爱？还是说，我在不知不觉中给任天堂那些狡猾的营销大师当了回推销员？

为解决这些问题，我必须找一位没有偏见，也不带任何怀旧情结的游戏专家。显然，这事挺难办。幸好我遇到了亡灵游戏的掌门人布兰登·谢菲尔德，他小时候家里经济拮据，没有 NES 主机，所以在任天堂全盛时期只玩过一点点《超马3》，直到长大后才对这个游戏熟悉起来。因此，他是位任天堂怀疑论者，不会像我们这样为怀旧情结所困扰。

"热潮过去之后我才接触到那些游戏，所以我欣赏的是它们各自的优点。"谢菲尔德和我通过 Skype 聊天时这样说，他的 Skype 头像是一只待在酒杯里的博美。他说，即便是业内人士，也很难在试图客观评价老游戏时完全规避童年的怀旧情结，不过各种网站和博客仍然对发布各种"史上十佳游戏"榜单乐此不疲。

那么，这位怀疑论者如何看待《超马 3》？"对我来说，它可能是最好的任天堂游戏之一。"谢菲尔德说道，"《超马 3》有很多古怪庞杂的秘密，这点我很喜欢；我也喜欢它的不完美之处，以及在特定位置放入怪异的一次性道具这点，你在其他部分找不到这些道具；我还喜欢它从不把各种秘密强加给你，游戏不会特意告诉你：'嘿，如果你在这个白色长块上蹲个五秒，就能落到背景后面。'"

在一起解构我对《超马 3》的热爱时，谢菲尔德提到了我从没注意过的一点：《超马 3》能让我热烈怀念，不仅因为它是我玩过的第一款优秀的平台类游戏，更因为它是第一批真正优秀的平台类游戏之一。这可能也是《超马 3》这种游戏会成为神作范例的部分原因所在。谢菲尔德说，我们很难隔绝早期印象以进行客观分析，因为具有开创性地位的游戏对我们的影响实在太大了。

"人们都认为初恋会决定，或者至少是部分影响你今后的恋爱关系。"谢菲尔德解释道，"对游戏来说，由于它们也是会对人们产生深刻及长远影响的主观体验，所以我认为这种影响也和初恋（的影响）类似。"

我趁机向谢菲尔德提了几个最困扰我的问题：我之所以认为《超马3》是史上最好的游戏，是因为它是我玩的第一款游戏，还是因为我是和父亲一起玩的？是因为我被任天堂洗脑了，还是因为它本身就是个好看又好玩的游戏？

"它确实设计精良，"谢菲尔德答道，"我不会说它是有史以来最好的游戏，但我可以肯定一点：对你来说它就是史上最棒的游戏。"

是的，我最爱的游戏，同时也是我的初恋。

永远向前

"所有游戏都有意义。"

——《游戏的人》（*Homo Ludens*）（1955 年版）

约翰·赫伊津哈

每次玩《超马3》，酷霸王的城堡都会让我特别激动。我还记得第一次进入城堡后有多兴奋——经历了那么多关卡、那么多世界、那么多飞船，还有那么多锤子兄弟后，我终于来到了这里。距离公主只有咫尺之遥的紧迫感——我希望赶紧把她从酷霸王的魔爪中拯救出来——让我兴奋不已，感觉自己是个了不起的大英雄。

　　其实我很喜欢拯救桃花公主，尽管游戏里马力欧花了八分之七的时间去拯救各个国王——也算是这系列受难少女套路中的一段小插曲。在《超马3》里，酷霸王绑架公主的动机与系列其他作品不同，政治目的高于个人目的——酷霸王是一支庞大军队的统帅（在八号世界黑暗之国中，他拥有海军和空军，以及一群酷霸小子指挥官），想方设法要统治整个蘑菇王国，直到即将输掉战争时才把公主抓了起来。在你穿过前七个王国的时候，公主还不是那种传统意义上的女主角，更像是个向导，在旅途中不断给你寄来各种信件，从某种意义上说，这让《超马3》的叙事节奏比起《森喜刚》或是《超马1》

更显紧迫。

小时候，我对公主的来信真是日思夜想。记忆中那些信件的篇幅总是很长，充满浓浓的爱意与求助时的绝望，信纸上还遍布粉色的小唇印。长大后重玩游戏时，我却发现这些信上也就几句话，一本正经，根本谈不上浪漫。举例而言，公主在一号世界的信中说："向你问好，若你见到幽灵，请加倍小心！它们会趁你转身，对你穷追不已。随信附上一样宝贝，助你一臂之力。桃花公主。"语气更像正经的信件而非情书，尽管她在信纸的左下角放了一张自己的照片（也许这本就是印在信纸上的），穿着宽大的粉色泡泡袖礼服（嘿，那可是1980年代），双手紧握，看上去像在祈祷。

打完七号世界之后，公主就被绑架了，再没有信件寄来。让人大吃一惊的是，酷霸王居然寄来了游戏中的最后一封信！"哟！"他这样开头道——于是1990年代的美国孩子会告诉你，坏蛋开始说话前都要先喊一句"哟"——"趁你在别的地方乱转的时候，我把公主给绑架了。她现在就在我的城堡里，胆子够大的话就来救她吧。哈哈哈（因为比较自重的坏蛋都会在书信里写上自己邪恶的笑声吧）……酷霸王。"

对我来说，记忆和现实之间的最大冲突就是桃花公主信中的内容。在很长一段时间里，我总记得整个游戏里公主都是从酷霸王的地牢里寄出信件，恳求你把她救出去。显然我的记忆并不可靠——在前七个世界中她是完全自由的。看来我是把她记成了自己期盼的样子——一个我能够触及、拯救，并与之坠入爱河的姑娘。

●

如果说《超马1》定义了平台游戏这一类型，那么《超马3》则令其至臻完美。它纯粹的游戏品质、理想的发售时机和绝妙的营销手段，均对之后出现的平台类游戏及马力欧系列游戏产生了深远的影响，它提出的众多革命性概念成为后来者的宝贵财富。正如亨利·吉尔伯特所言："二十多年后，每款马力欧游戏新作上市都会有几百万人购买，这一现象的根源就是《超马3》。"

Wii平台上的《New超级马力欧兄弟》系列游戏，以及《超级马力欧3D世界》和《超级马力欧3D乐园》（*Super Mario 3D Land*），都包含了继承自《超马3》的复古元素，包括浣熊服、狸猫服、酷霸小子、奔奔、奇诺比奥的家、道具界面、各种主题的世界以及音乐。此外，为了让粉丝玩得更开心，宫本茂决定把《超马3》的美术元素，与《超马1》《超级马力欧世界》，及《New超级马力欧兄弟U》

（*New Super Mario Bros. U*）的美术元素一并放入 Wii U 主机游戏《超级马力欧制造》中。我小时候做梦都想不到，有一天能制作属于自己的《超马 3》关卡，但现在我可以做到了。

　　《超马 3》留给后人最大的一笔财富，大概就是影响了一大批玩它长大的游戏设计师，比如瑞安·马特森和迈克·罗思。马特森说他会让玩家来评判，他作为设计师是否已将从《超马 3》中学到的东西融会贯通——但他内心希望自己已经做到了这点。他还开玩笑说："也许我应该把这作为（向求职者提出的）面试问题：'你怎么看待《超马 3》呢？告诉我游戏是怎样引导你学习各种机制的。'"

　　最后，正如游戏设计师认为《超马 3》并不仅仅是将美术风格和游戏机制简单相加的产物一样，它馈赠后人的财富也不简单。《超马 3》不仅仅是一款游戏，它还代表着我的父亲、你的父亲、我的弟弟、你的妹妹、《小鬼跷家》、开心乐园餐附赠玩具、游戏攻略，以及操场上广为流传的能在二号世界里打败太阳的都市传说。毫无疑问，如今它已成为游戏设计准则的一部分。

现如今把最终头目战场景做得与众不同再自然不过，但在《超马1》的时代，受卡带容量限制，这一点难以实现。《超马1》最后一座城堡与之前几座一模一样，只是难度提高了不少，玩家不会感到游戏已经进入高潮。酷霸王也是如此，在《超马1》里，所有酷霸王都长一个样，他们跳起来扔锤子的姿势也和锤子兄弟完全相同。因此，当我们来到最后一个城堡时，很自然就知道最终头目长什么样。这种情况在《超马3》里可不会发生。

　　《超马3》中酷霸王的城堡从里到外都和之前任何区域截然不同。这座城堡由充满威胁、坚不可摧的鲜红色砖块建成，第一个房间就有三尊酷霸王的石像悬在高处，向玩家射出激光。这个陷阱完全出人意料，是全新的需要玩家学习如何躲避的障碍。从踏进这座城堡那一刻起，我们就明白要对付的不仅是之前遇到过的敌人。

　　穿过激光雕像房间后，我沿着楼梯来到电梯平台，乘电梯上行，站在一块甜甜圈砖块上缓缓下落，穿过一条狭长的通道，鬼鬼祟祟地潜入酷霸王的城堡，随后躲避激光，晃悠过狭窄的过道。接下来，我要爬上陡峭的楼梯，经过一团像嘘嘘鬼一样紧随身后的烛火，同时避开楼梯上三个像迪斯科球一样不停绕圈的玩意。楼梯顶部有个隐藏的砖块，顶开能吃到一颗奖命蘑菇。这件道具起码保证了一点，只要你能顺利到达这里（实现这个目标还不算难），就能获得更多打败酷霸王的机会。

我从楼梯上下来，再次躲过那三个迪斯科球，来到一个地面全是岩浆坑的巨大房间，里面有不少位置刁钻的小甜甜圈平台漂浮在半空。要是没有遍布岩浆的巨大房间，城堡就不完整了吧？我小时候曾经很好奇，为什么电子游戏里的（尤其是马力欧游戏里的）城堡和要塞从来都没有正常城堡里该有的房间，像是卧室啊厨房啊什么的。难道说城堡存在的目的就是为马力欧设下一个大大的陷阱？还是说这个城堡平时都是用来居住的，只是在马力欧到来之前才进行了一番《小鬼当家》式的大改造？

无论如何，跳到甜甜圈平台上通过这个炎热的房间，来到最右边之后，你会发现这里有四个不同的平台，其中两个会将你引向两间布置略有不同的酷霸王房间，大怪物正在里面等着你。

《超马 3》中与酷霸王的决战令人惊心动魄。光是战
斗音乐就给人一种紧张感，这是首由单簧管和颤音贝斯
混音合成、雄壮急切的乐曲。更令人兴奋的是，酷霸王
无论外形还是运动方式都与之前的敌人完全不同。首先，
他的个头最大，和四号世界的巨型锤子兄弟有一拼，但
跳得更高，能从你头顶狠狠砸下来，还会喷火（不过游
戏的程序漏洞使玩家在靠他极近处不会被火伤到）。酷
霸王最常用的攻击方式就是跳起来从上方砸向马力欧，
和马力欧在游戏里最常用的战斗方式一模一样，但他与
酷霸小子或奔奔不同，跳起来踩头这招对酷霸王不管用。
光凭一把蛮力可没法打败他，唯有智取，以其人之道还
治其人之身。酷霸王每次跳起意图砸扁马力欧时，都会
毁掉地板上的一层红砖，当马力欧多次躲过他的攻击后，
他就会给自己挖个大坑，然后掉下去摔死。
　　对于年幼的艾莉斯来说，这场战斗最让她着急的就
是那扇紧闭的红色大门，门背后便是关押公主的牢房，
只有咫尺之遥。游戏中的小细节也让这场战斗充满乐趣：
酷霸王每次重重砸向地面之后，都会先往四处看看，仿
佛在找寻马力欧的踪迹，然后自言自语"哦，他在这儿
啊"，再转身朝马力欧一个劲喷火。看过酷霸小子不同

风格的造型和战斗方式后，酷霸王果然没让人失望。他造型漂亮，充满细节，个性十足，还不是酷霸小子那种孩子气的个性。这一版本的酷霸王更接近现在的造型——橙色的头发、绿色带尖刺的壳，头上还有尖角。相比《超马1》中那个和超级马力欧差不多高，又瘦又小的绿色酷霸王，这个造型更符合他的身份。

与酷霸王的战斗就像与老友的争辩。我们很清楚彼此之间无冤无仇，我也不像父亲那样讨厌他。我能想象他局外人的处境，也能体会他的孤独。酷霸王被自己坑死的结局在好笑之余还带着些可悲，马力欧并未依靠武力，仅仅凭借计策、机灵劲和恰到好处的闪避就打败了他。倒霉的酷霸王经常以这种方式落败。虽然他看上去很有主意，却总是败于狂妄自大——比如在桥头放上一把危险的斧子或是自恋地在战斗中把小号酷霸王发条玩具扔向你。在这个游戏里，酷霸王掉进深不见底的大坑摔死，和马力欧当年在处子秀中击败森喜刚的方法一样。

从多种角度看，酷霸王带给我的舒适感与熟悉感也是《超马3》给我的整体感受。虽然我的年龄和阅历不断增长，这款游戏却始终如一，它一直都是我记忆中的样子；唯一发生改变的是我：现在的我终于明白为什么自己如此急切地想救公主，也终于明白，游戏的目的从来就不是为了救出公主。

怀旧是一种苦乐参半的渴望，渴望回到过去的好时光、好地方。但它之所以苦乐参半，正在于你不可能真的回到过去。通过游戏，你却可以回去。游戏是永远不变的，正因如此，它让你有机会重新回到过去曾经造访的虚拟世界，再次体验过去。我已经不再玩可动人偶或是在院子里扔橄榄球了，但仍会玩《超马3》，仍能随时随地感受到与父亲和弟弟间的牵挂。

●

我的朋友柯尔斯登在七岁时得到了一台 NES 主机，但她在很长一段时间内都不敢玩《超马3》，总担心在游戏里死掉，于是改为看她母亲玩。"只要我开口，她就会来帮我打过那些难度很高的地方，"她回忆说，"所以我干脆央求她直接替我打完整个关卡。直到现在我还记得她打败酷霸王的那个晚上，真是段美好的回忆啊。"

针对电子游戏怀旧情结的心理学研究指出，某款游戏之所以能在我们心中占据一定位置，并不在于游戏本身，而在于我们和什么人一起玩这款游戏。虽然我很担心是怀旧情结使我如此偏爱《超马3》，但事实上，我怀念的并非《超马3》本身，而是我的父亲、弟弟和朋友。

柯尔斯登现在也生了女儿，这位名叫米拉的可爱女孩已经三岁了，柯尔斯登说她早就迫不及待想和女儿一起玩游戏了："她现在会在我玩游戏时拿着手柄按上面的按键，她很喜欢马力欧（在《超级马力欧3D世界》里）变成猫的样子，会一直不停地按A键，自豪地跟我说：'看，我的猫咪在跳！'这真的很好玩，哪怕因此被她浪费了很多条命。对我来说，她可比'游戏结束'这几个字宝贵得多。"

我希望自己未来的儿子或女儿也会喜欢电子游戏和马力欧，但他们没准更喜欢芭比娃娃。无论如何，起码我有两个好榜样可以效仿。我会像父亲那样和他们分享我最感兴趣的东西；也会像母亲那样尊重他们的喜好，给他们买最想玩的玩具。当然，偶尔也会捉弄一下他们。

●

击败酷霸王后，房间里那扇锁着的红色大门就会炸开，变成一扇闪闪发光的诱人传送门，此时整个游戏悄无声息，就像标题画面一样。这个场景——一扇通向美丽公主所在房间的大门——定义了我的童年。不管是第一次还是第一百次打败酷霸王，也不管是七岁还是二十七岁——每次进入这个房间救到公主后，我都无比开心。

公主房间的音乐是一首动听的凯旋曲，充满优雅端庄的女性气质。我从屏幕左边进入房间，桃花公主则跪坐在离门遥远的右侧角落里掩面哭泣。与后来的（包括SNES主机上《超级马力欧全明星》中的《超马3》复刻版在内）金发形象不同，这位公主的头发是褐色的——你可能会觉得她有点眼熟，没错，这个造型和美版《超马2》里的公主形象完全一样。房间原本十分昏暗，但在我进屋后，阳光突然射入，桃花公主站起身，向我走来。我俩在屋子正中央面对面站定，就像是婚礼上的一对新人。

这场战斗和游戏的尾声对我来说极为重要，或许是因为它们能代表我内心不同想法之间的战斗吧。当代表马力欧的我击败代表酷霸王的我时，也意味着我的梦想击败了我潜意识中的内疚感——这部分的我就像某种难以控制的反常怪兽。当代表马力欧的我最终拯救了代表公主的我后，心中那个英勇无畏的自我便打开灯光，将封闭已久的那部分自我从黑暗的监牢中解放出来。

桃花公主似乎马上就从绑架事件中恢复过来，她飞快擦干眼泪，送给我们幽默而纯洁的告别语，像是在总结她与马力欧若即若离的关系一样。爱情喜剧总会让人期待结尾处的定情一吻，但马力欧系列总是不让我们看到这一吻，由此吸引我们一部接一部玩下去。每一部马力欧游戏结束的时候，你都会想："这次马力欧和公主肯定要深情一吻，一起过上美满幸福的日子。"

至少我一直这么认为。对我来说，马力欧和公主间那种似乎始终无法触及的关系，仿佛代表着我终有一天能找到属于自己的幸福。和凯特结婚后，我终于找到了这种幸福。对成千上万人来说，《超级马力欧兄弟》系列游戏扮演着同样的角色，它们告诉你无限的可能性正在不远处等着你。公主永远被关在另一个城堡里，但马力欧始终奋力向前。他经历艰难困苦，击败无数敌人。我相信，总有一天他（和我）将赢得那个姑娘的芳心。在蘑菇王国，一切都有可能发生。

●

2014 年圣诞节，在小时候父亲来佐治亚州同我一起过周末的房子里，我和父亲时隔二十四年再次坐在一起玩《超马 3》。我送给他一个 USB 接口的 NES 手柄作为礼物，在他的笔记本电脑上设置好模拟器，随后便坐在米米奶奶的沙发上玩起来。

此时父亲刚刚得知一个让他伤心的消息，因为朋友的德国牧羊犬捣蛋，他心爱的宠物鸟内利飞走了。那天稍早通电话时，我还是头一次听到他哭泣。而现在他坐在我面前，正在第 1-1 关收集金币和蘑菇。

　　看父亲玩游戏实在让我失望透顶，他玩得太烂了，甚至比当初试玩《超级马力欧 64》时还蹩脚。他移动时既缓慢又笨拙，从不提高速度，也展示不出任何技巧和自信。好不容易吃到超级树叶，却错过了能起飞吃到奖命蘑菇的跑道。

　　我提示道："爸，你还记得怎么起飞不？"

　　"记得。"他咕哝了一句，仍然全神贯注地玩游戏。看来他已经彻底生疏了。

　　在他费劲地通过第 1-1 关后，我实在忍不住问他能不能让我试试。随后我从他手里接过手柄，开始玩第 1-2 关。这时我才发现手柄 B 键按了没反应。我赶紧到设置里调整好，再把手柄交还给父亲。

　　B 键恢复正常之后，他终于表现得像老玩家了，马力欧在屏幕上全速飞行，击倒连串敌人。随后几关里，他还找到了一个连我（对，就是我，为这款游戏写了这本书的人）都不知道的隐藏金币房间，并告诉我在关卡结尾拿到星星卡片的小诀窍（我当然早就知道了，谢啦，老爸）。

凯特和米米奶奶在厨房里喝着茶，我和父亲则在黑暗中坐在椅子上，像二十年前一样认真地玩着游戏。父亲花了大概三十分钟到达三号世界，二号世界那个太阳给他找了不少麻烦，也像我四岁时一样被大嘴鱼弄得垂头丧气（不过这回他没摔手柄）。中间我也和他一起玩了几关（当我玩到与二号世界的酷霸小子决战时，他还在一旁大喊："艾莉斯，别慌！"），不过多数时候，我还是看着他玩。

　　我们坐在一起，时间飞逝，一下就到了晚上，我似乎又回到了小时候——这正是我们一直在游戏中寻找的感觉。我一点也不想去睡觉。更正：我不想让父亲去睡觉。我想让他一直玩下去，一直赢下去——不，应该说，我要他一直向前，决不停下，永不放弃。

备注

更多与马力欧、任天堂及游戏史相关的资源，包括《超马3》的视频、花絮、提示及技巧，尽在 http://supermariobrothers3.tumblr.com

在多个章节内均有参考的资料来源如下：

"系统简介：任天堂娱乐系统（NES）"[System Profile: The Nintendo Entertainment System (NES)]，多米尼克·阿瑟诺著，出自《电子游戏大爆炸：从〈乓〉到 PlayStation 主机的历史与展望》（*The Video Game Explosion: A History from PONG to Playstation and Beyond*），马克·J. P. 沃尔夫编，格林伍德出版社，2008 年。

《马力欧的历史》，威廉·奥迪罗著，像素与爱出版社，2014 年。

"马力欧差点就有了一件半人马服？《超级马力欧兄弟3》中你可能不知道的 13件事"（Mario Almost Had a Centaur Suit? 13 Things You Might Not Know About 'Super Mario Bros. 3'），内森·伯奇著，UPROXX 网站，2015 年 3 月 11 日。网址：uproox.it/1RoCr0j

《超级马力欧兄弟 3：顶砖》，鲍勃·奇普曼著，"游戏迷"（FanGamer）网站，2013 年。

《重玩：电子游戏史话》（*Replay: The History of Video Games*），特里斯坦·多诺万著，黄蚂蚁传媒有限公司，2010 年。

"老派游戏为什么那么'酷'：对经典游戏怀旧情结的简单分析"（Why Old School Is 'Cool'：A Brief Analysis of Classic Video Game Nostalgia），肖恩·芬提著，出自《游戏中的过去：电子游戏的历史与怀旧情结》（*Playing the Past: History and Nostalgia in Video Games*），扎克·惠伦、劳里·N. 泰勒编，范德比尔特大学出版社，2008 年。

"不仅仅是按下按键：通过玩家、记忆及玩法中的修辞手法观察玩法中的劝导作用"（Beyond Button-Pushing: A Look at Suasion in Gameplay Through Player, Memory, and the Rhetoric of Gameplay），论文，阿莉娅·哈基玛著，阿拉巴马大学，2003 年。

《摇杆之国：电子游戏如何吃掉我们的硬币、引发我们的共鸣、改变我们的思想》，J. C. 赫茨，力特尔 – 布朗公司，1997 年。

《超级马力欧兄弟 2》，乔恩·欧文，"头目战"书系，2014 年。

"岩田聪访谈录"系列，《超级马力欧兄弟》二十五周年特辑第 1-5 期（Super Mario Bros. 25th Anniversary, Vols. 1-5）。网址：bit.ly/1Pesdcs

"移动完全自由：电子游戏与性别空间"（Complete Freedom of Movement: Video Games as Gendered Play Spaces），亨利·詹金斯著，出自《游戏设计读本：玩法规则选集》（The Game Design Reader: A Rules of Play Anthology），凯蒂·萨伦、埃里克·齐默尔曼编，麻省理工学院出版社，2006 年。

"任天堂与新世界游记：一次对话"（Nintendo and New World Travel Writing: A Dialogue），亨利·詹金斯、玛丽·富勒著，出自《网络社会：计算机媒介上的沟通和社区》（Cybersociety: Computer-Mediated Communication and Community），史蒂夫·琼斯编，SAGE 出版社，1994 年。

《第一枚硬币：电子游戏的二十五年历史》（The First Quarter: A 25-Year History of Video Games），史蒂文·肯特著，BWD 出版社，2005 年。

《电子游戏终极历史：从〈乓〉到〈精灵宝可梦〉——一场影响我们生活并改变世界的热潮的幕后故事》（The Ultimate History of Video Games: From Pong to Pokémon—The Story Behind the Craze That Touched Our Lives and Changed the World），史蒂文·肯特著，三河出版社，2001 年。

"关于《超级马力欧兄弟》的一些小故事"（Une Petite Histoire de Super Mario Bros.），拉斐尔·卢卡斯著，"全自动极客"网站，2013 年 7 月 12 日。网址：bit.ly/1RObVhl

"IGN 制作：《超级马力欧兄弟》的历史"（IGN Presents: The History of Super Mario Bros.），鲁斯·麦克劳克林著，IGN 网站，2010 年 9 月 13 日。网址：bit. ly/1Wczrn3

"任天堂的音乐艺术"（Nintendo's Art of Musical Play），罗杰·莫斯利、齐木彩著，出自《游戏中的音乐：练习曲》（Music in Video Games: Studying Play），K. J. 唐纳利、威廉·吉本斯、尼尔·勒纳编，"劳特利奇音乐与荧屏媒体"系列丛书，劳特利奇出版社，2014 年。

"蘑菇王国"网站。网址：Mushroomkingdom.net

《超级马力欧：任天堂怎样主宰美国》（Super Mario: How Nintendo Conquered America），杰夫·瑞安著，企鹅出版集团波特弗里奥出版社，2012 年。

"马力欧的创造者回答了关于系列的几个大热问题"（Mario's Creators Answer Burning Questions About the Series），丹·里克特著，"游戏密探"（Game Informer）网站，2015 年 9 月 10 日。网址：bit.ly/1J5SEoF

《游戏结束：任天堂如何执掌美国游戏行业、掏空你的钱包、征服你的孩子》（Game Over: How Nintendo Zapped an American Industry, Captured Your Dollars, and Enslaved Your Children），戴维·谢弗著，兰登书屋，1993 年。

"超级路易吉兄弟"网站。网址：Superluigibros.com

《电子游戏大爆炸：从〈乓〉到 PlayStation 主机的历史与展望》，马克·J. P. 沃尔夫编，格林伍德出版社，2008 年。

《电子游戏理论读本 2》（The Video Game Theory Reader 2），马克·J. P. 沃尔夫、伯纳德·佩隆编，劳特利奇出版社，2009 年。

"按键开始"一章所采用的资料来源如下：

1. "1800万"这个数字的由来——据杰夫·瑞安及其他多位人士称，NES版《超级马力欧兄弟3》卡带的全球销量约为1800万份；然而，游戏在所有平台上的销量应该是这个数字的两倍多。加上《超级马力欧全明星》的销量（1055万份）、《超级马力欧全明星25周年纪念版》（*Super Mario All-Stars 25th Anniversary Edition*）的销量（224万份）、《超级马力欧大冒险4：超级马力欧兄弟3》（*Super Mario Advance 4: Super Mario Bros. 3*）的销量（369.8万份），以及Wii虚拟主机版销量（100万份），截至2009年，游戏总销量已超过3500万份。这一数字还未将2014年登陆任天堂3DS掌机的版本和Wii U虚拟主机版销量计算在内，这些销量我无从获知。同时，以上这些销量数据基本都来自于各种百科词条，无法与任天堂核实。

2. "对我来说，玩上《超马3》之前的日子根本不存在。"这句话引自对Gearbox软件公司过场影片指导迈克·罗思的邮件采访。

"尽人事 听天命"一章所采用的资料来源如下：

1. 有关山内溥"努力奋斗是没有止境的"引用来源：《任天堂魔法：打赢电子游戏之战》，井上理著，保罗·塔特尔·斯塔尔译，垂线出版公司，2010年。

2. "任天堂大获全胜"（Nintendo Scores Big），道格拉斯·C.麦吉尔著，《纽约时报》，1988年。

3. "游戏结束机制正在慢慢消亡"（Slow Death of the Game Over），凯尔·奥兰德著，《逃避者》（*Escapist Magazine*）网络杂志，2007年6月5日。网址：bit.ly/1J5SEF7

4. 针对儿童专家级行为的研究来源："儿童玩电子游戏过程中表现出的专家级行为"（Expert Behavior in Children's Video Game Play），斯蒂芬妮·S.范德文特、詹姆斯·A.怀特著，《模拟与游戏》（*Simulation & Gaming*）第33卷第1期，2002年3月。

5. 宫本茂关于小游戏是"强迫症"的发言来自"岩田聪访谈录"。

6. 宫本茂无暇顾及日版《超级马力欧兄弟2》的说法来自鲁斯·麦克劳克林。

7. 杰斯珀·尤尔关于玩家们总觉得游戏失败是自己犯错的研究来源："害怕失败？电子游戏中难度的多重意义"（Fear of Failing? The Many Meanings of Difficulty in Video Games），出自《电子游戏理论读本2》，马克·J.P.沃尔夫、伯纳德·佩隆编，劳特利奇出版社，2009年。

8. 其他参考来源：

•"我从《超级马力欧兄弟》中学到的游戏开发"（Everything I Know About Game Design I Learned from Super Mario Bros.），帕特里克·柯里著，出自《玩得好：电子游戏的价值与意义》（*Well Played: Video Games, Value and Meaning*），德鲁·戴维森编，ETC出版社，2009年。网址：bit.ly/1lbI6Zs

•《高分！电子游戏图史》（*High Score! The Illustrated History of Electronic Games*），拉塞尔·德马里亚、约翰尼·李·威尔逊著，麦格劳 – 希尔集团奥斯本出版社，2002年。

•《任天堂的历史1889年 – 1980年》（*The History of Nintendo 1889-1980*）、《任天堂的历史1980年 – 1991年》（*The History of Nintendo 1980-1991*），弗洛朗·戈杰斯、本杰明·丹尼尔、山崎功著，像素与爱出版社，2012年。

•《你们的基地都归我们了》（*All Your Base Are Belong to Us*），哈罗德·戈堡著，三河出版社，2011年。

•《古典游戏主机》（*Vintage Game Consoles*），比尔·洛吉迪斯、马特·巴顿著，焦点出版社，2014年。

•《超级马力欧解构》第1卷（*The Anatomy of Super Mario, Vol. 1*），杰里米·帕里什著，2013年。

• "游戏大师：电子游戏艺术家的多重世界"（Master of Play：The Many Worlds of a Video-Game Artist），尼克·保姆加滕著，出自《纽约客》（The New Yorker）杂志，2010 年 12 月 20 日。网址：bit.ly/1k74cv8

•《马力欧之前》（Before Mario），埃里克·沃斯奎尔，奥梅克出版公司，2014 年。

•《电子游戏媒介》（The Medium of the Video Game），马克 J. P. 沃尔夫编，得克萨斯大学出版社，2002 年。

•《冲击之前：早期电视游戏史》（Before the Crash: Early Video Game History），马克·J. P. 沃尔夫编，韦恩州立大学出版社，2012 年。

"英雄降临"一章所采用的资料来源如下：

1. 二十五万份销量的来源："马力欧 3：巨人归来"（Mario 3: Titan Returns），戴维·兰迪斯著，出自《今日美国》杂志，1990 年 3 月 16 日。

2. 宫本茂关于为 FC 主机提供"终极的马力欧"的说法来自威廉·奥迪罗。

3. 文中引用的斋藤明宏的话来自罗杰·莫斯利和齐木彩。

4. 四号世界地图画面中的花朵和灌木一样大的说法来自鲍勃·奇普曼。

5. 宫本茂关于朱盖木的说法出自"人物简介：宫本茂，梦想家编年史"（Profile: Shigeru Miyamoto; Chronicles of a Visionary），杰顿·格拉切夫齐著，"任天堂信徒"（N-Sider）网站，2000 年。网址：bit.ly/1NamJOx

6. 其他参考来源：

•《力量提升：日本游戏怎样给全世界带来额外生命》（Power-Up: How Japanese Video Games Gave the World an Extra Life），克里斯·科勒著，布雷迪游戏出版社，2004 年。

• "《超级马力欧兄弟 3》制作谈"（The Making of Super Mario Bros. 3），出自《任天堂力量》杂志第 10 期，1990 年。

"游戏高手"一章所采用的资料来源如下：

1. 宫本茂关于美版《超级马力欧兄弟 2》的说法出自"这就是宫本茂最喜欢的马力欧游戏"（This Is Shigeru Miyamoto's Favorite Mario Game），塞缪尔·克莱本著，IGN 网站，2012 年 6 月 15 日。网址：bit.ly/1SQV9x8

2. 宫本茂与《时代》周刊的对话出自"马力欧的神话：任天堂传奇人物宫本茂问答"（The Mythology of Mario: Q&A with Nintendo's Legendary Shigeru Miyamoto），埃文·纳西斯著，2010 年。网址：ti.me/1WczJuc

3. 其他参考来源：

• "剪接室专用楼层"（The Cutting Room Floor）网站。网址：tcrf.net/The_Cutting_Room_Floor

• 杰顿·格拉切夫齐所著宫本茂简介。

• "《超级马力欧兄弟 3》评测"（Super Mario Bros. 3 Review），保罗·兰德、提姆·布恩、弗兰克·奥康纳著，出自《电脑与电子游戏》杂志第 120 期，1990 年 11 月。网址：bit.ly/1n3PcB8

• "任天堂评测：超级马力欧兄弟 3"（Nintendo Review: Super Mario Bros. 3），马特·里甘、朱利安·里格纳尔著，出自《了不起的机器》杂志第 13 期，1991 年 10 月。网址：bit.ly/1J5SHkb

• "公主的危险：电子游戏中的性别与类型"（Perils of the Princess: Gender and Genre in Video Games），莎伦·舍曼著，出自《西方民俗》（*Western Folklore*）第 56 卷第 3、4 期，1997 年。

• "游戏真相"网站。网址：VGFacts.com

"马力欧的旋律"一章所采用的资料来源如下：

1. "美国玩家"网站对近藤浩治的访谈出自"超级马力欧背后的大师们：任天堂近藤浩治问答"(Super Mario's Maestro: A Q&A with Nintendo's Koji Kondo)，鲍勃·麦基著，2014 年。网址：bit.ly/1RoCKby

2. 其他参考来源：

• "FC 音轨"网站。网址：Famitracker.com

• "《超级马力欧兄弟 3》原声的风格演变"（Evolving Style in the Super Mario Bros. 3 Soundtrack），安德鲁·黑德鲁著，出自《福布斯与第五号》（*Forbes & Fifth*），2013 年。网址：bit.ly/1ZJyzXk

• "马力欧大师访谈"（The Mario Maestro Speaks），克里斯蒂安·纳特著，"游戏圣典"（Gamasutra）网站，2014 年 12 月 10 日。网址：ubm.io/1glmLdx

• "讲解科学：游戏音频解析"（Droppin Science: Video Game Audio Breakdown），伦纳德·J. 保罗著，出自《音乐与游戏：以民众联盟的视角如何看》（*Music and Game: Perspectives on a Popular Alliance*），斯普林 VS 出版社，2012 年。

• 《近藤浩治的超级马力欧兄弟原声》，安德鲁·沙尔特曼著，布卢姆茨伯里学术出版社，2014 年。

"全世界是一个舞台"一章所采用的资料来源如下：

1. 《超马 3》是戏剧的阴谋论出自："《超级马力欧兄弟 3》竟然是一场舞台剧，我简直震惊了"（Super Mario Bros. 3 Was a Stage Play, My Mind Is Blown），"重磅炸弹"（Giant Bomb）网站，2010 年。网址：bit.ly/1Olhhwg

2. 宫本茂关于"人才中介机构负责人"的说法出自 YouTube 网站的《超级马力欧兄弟》二十五周年访谈（SMB 25th Anniversary Interviews），2010 年。网址：bit.ly/1RuQH7V

3. 宫本茂关于"大力水手"的说法来自丹·里克特。

4. 关于歌舞伎的知识来自罗杰·莫斯利和齐木彩。

5. 尤尔关于游戏让玩家可以"尝试一切曾经想做或通常不会去做的事"的说法来源：《半真实》（Half-Real），杰斯珀·尤尔著，麻省理工学院出版社，2011 年。

6. 手冢卓志关于"把尾巴安在马力欧身上"的说法来源："这就是为何马力欧的狸猫服曾经可以飞起来，而现在又不行了"（This Is Why Mario's Tanooki Suit Used to Fly, and Why It Doesn't Anymore），迈克·爱泼斯坦著，Kotaku 网站，2011 年 6 月 15 日。网址：bit.ly/1WcA2VV

7. 手冢卓志关于"马力欧这样前进"的说法出自"岩田聪访谈录"。

8. 中乡俊彦的发言出自"岩田聪访谈录"。

9. 宫本茂非常喜欢狸猫服设计的说法来自威廉·奥迪罗。

10. 其他参考来源：

• "服食毒蝇伞后导致的持久致幻效果"（Prolonged Psychosis After Amanita Muscaria Ingestion），米朗·布瓦尔、马丁·莫齐纳、马贾兹·本茨著，出自《维也纳临床周刊》（Wien Klin Wochenschr）第 118 卷第 9-10 期，2006 年。

• 《从芭比娃娃到真人快打：性别与电脑游戏》（From Barbie to Mortal Kombat: Gender and Computer Games），贾斯廷·卡塞尔、亨利·詹金斯著，麻省理工学院出版社，2000 年。

• 《悠闲的偶像：日本吉祥物》（Idle Idol: The Japanese Mascot），爱德华·哈里森、

约翰·哈里森著，马克·巴蒂出版社，2010 年。

• 《绒毛与皮草：日本的变装角色》（*Fuzz & Fur: Japan's Costumed Characters*），爱德华·哈里森、约翰·哈里森著，马克·巴蒂出版社，2011 年。

"恋地情结"一章所采用的资料来源如下：

1. 宫本茂关于主题公园的说法来源：《第一枚硬币：电子游戏的二十五年历史》，史蒂文·肯特著。

2. 亨利·吉尔伯特的发言出自"为什么《超级马力欧兄弟 3》是史上最棒的游戏之一"（Why Super Mario Bros. 3 Is One of the Greatest Games Ever Made），"游戏雷达"网站，2012 年。网址：bit.ly/1Olhi3m

"征服者马力欧"一章所采用的资料来源如下：

1. 朝卡带吹气有可能会损伤卡带的说法出自"朝任天堂游戏卡带吹气有用吗？"（Did Blowing into Nintendo Cartridges Really Help?），克里斯·希金斯著，"心灵牙线"（Mental Floss）网站，2012 年 9 月 24 日。网址：bit.ly/1ra0GRi

2. 对七、八年级学生的调查结果出自"对电子游戏影响力的重新评估"（Reevaluating the impact of video games），珍妮·B. 芬克著，出自《临床儿科》（*Clinical Pediatrics*）第 32 卷第 2 期，1993 年 2 月。

3. 任天堂市场份额出自《消费者品牌百科全书》（*Encyclopedia of Consumer Brands*）第 3 卷，贾尼丝·乔根森编，圣詹姆斯出版社，1993 年。

4. 科比·迪拉德发表在"任天堂生活"网站上的文章："《超级马力欧兄弟 3》迎来二十周岁"（Super Mario Bros. 3 Turns Twenty），2010 年。网址：bit.ly/1RoCMQG

5. 1992 年市场数据公司的研究数据来自戴维·谢弗。

6. "怀旧情结有其专属陷阱"（Nostalgia Has Its Own Pitfalls），安妮塔·米勒 著，《新闻周刊》，1994 年。网址：bit.ly/1SX6Br8

7. 玩家会对玩过的第一款游戏特别怀念的说法来自肖恩·芬提。

8. 其他参考来源：

·《额外生命：电子游戏为什么重要》，汤姆·比斯尔著，复古出版社，2011 年。

·"《任天堂力量》：让我们记住这本全美最长寿的游戏杂志"（Nintendo Power: Remembering America's Longest-Lasting Game Magazine），弗兰克·奇法尔迪著，"游戏圣典"网站，2012 年 12 月 11 日。网址：ubm.io/1lbIQxA

·"电子游戏是文化圣物"（Video Games as Cultural Artifacts），帕特里夏·M. 格林菲尔德著，出自《应用发展心理学期刊》（*Journal of Applied Developmental Psychology*）第 15 卷第 1 期，1994 年。

·"任天堂的力量"（The Power of Nintendo），雷蒙德·罗埃尔著，出自《直销》（*Direct Marketing*）杂志，1989 年 9 月 1 日。

·"如何让我们的游戏充满力量：《任天堂力量》秘史"（How We Played with Power: the Secret History of 'Nintendo Power'），凯文·王著，"复合体"（Complex）网站，2013 年 12 月 2 日。网址：bit.ly/1SQVoIq

"永远向前"一章所采用的资料来源如下：

《你好，请多关照！来自日本的那些可爱且帮助多多的角色们》（Hello Please! Very Helpful Kawaii Characters from Japan），马特·阿尔特著，"超越标志性模拟"（Beyond Iconic Simulation），约里斯·多尔曼斯著，均出自《模拟与游戏》（*Simulation & Gaming*）第 42 卷，2011 年 10 月。

致谢

无比感激盖布·德拉姆和迈克尔·P. 威廉斯在我研究和创作过程中给予的无私协助及编辑建议；感谢肯·鲍曼和克里斯托弗·莫耶的精美设计，以及瑞安·普卢默、约瑟夫·M. 欧文斯和尼克·斯威尼的严谨审稿。

感谢凯特·帕特里奇，感谢她的耐心、鼓励，以及给我的写作建议；感谢一直支持我的家人，让我能够体验到马力欧带给我的快乐；感谢埃琳·巴尼特、西瓦尔·马萨纳特、达比·K. 普赖斯和珍妮·欧文·扬斯的讨论反馈；最后特别感谢吉勒·古兹·德·圣马丁，帮助我将法语材料翻译成英语。

对以下在创作过程中接受我采访的人士表示衷心感谢：克里斯蒂娜·贝尔、詹姆斯·克拉伦登、斯蒂芬·霍尔、瑞安·马特森、霍华德·菲利普斯、达纳·普兰克、摩根·罗明、迈克·罗思、布兰登·谢菲尔德、瑞安·汤普森和盖尔·蒂尔登。

非常感谢阿拉斯加大学安克雷奇分校英语系的同事给予我的协助，以及校图书馆和负责馆际互借的工作人员提供的资源。同时也要感谢大柏树国家公园的工作人员为我能完成本书初稿所提供的一切支持。

最后，衷心感谢以下同我分享与《超级马力欧兄弟 3》相关私密回忆的人士：埃琳·巴尼特、本·贝弗、朱迪·布洛特尼克、柯尔斯滕·克洛德费尔特、卡罗琳·克劳福德、乔纳森·文德尔、萨拉·卡茨、雷切尔·卢索斯、戴维·麦克唐纳、杰夫·里克尔、阿利·拉索、杰克·热普卡、萨姆·斯劳特和贝卡·沃茨。

译名对照表

A

阿利·拉索 Aly Russo
阿莉娅·哈基玛 Aliyah Hakima
埃德·弗里斯 Ed Fries
埃里克·齐默尔曼 Eric Zimmerman
埃里克·沃斯奎尔 Erik Voskuil
埃琳·巴尼特 Erin Barnett
埃文·纳西斯 Evan Narcisse
艾莉斯·诺尔 Alyse Knorr
爱德华·哈里森 Edward Harrison
安德鲁·黑德 Andrew Head
安德鲁·沙尔特曼 Andrew Schartmann
安妮塔·米勒 Annetta Miller
奥森·威尔斯 Orson Wells

B

柏拉图 Plato
保罗·兰德 Paul Rand
保罗·斯坦利 Paul Stanley
保罗·塔特尔·斯塔尔
Paul Tuttle Starr
鲍勃·麦基 Bob Mackey
鲍勃·奇普曼 Bob Chipman
贝卡·沃茨 Becca Watts
本·贝弗 Ben Bever
本杰明·丹尼尔 Benjamin Daniel
比尔·怀特 Bill White
比尔·洛吉迪斯 Bill Loguidice
彼得·梅因 Peter Main

波·迪德利 Bo Diddley
布兰登·谢菲尔德 Brandon Sheffield

D

达比·K. 普赖斯 Darby K. Price
达纳·普兰克 Dana Plank
戴夫·布鲁克斯 Dayvv Brooks
戴维·兰迪斯 David Landis
戴维·麦克唐纳 David McDonald
戴维·谢弗 David Sheff
丹·里克特 Dan Ryckert
道格拉斯·C. 麦吉尔 Douglas C. McGill
德鲁·戴维森 Drew Davidson
多米尼克·阿瑟诺 Dominic Arsenault

F

弗兰克·奥康纳 Frank O'Connor
弗兰克·奇法尔迪 Frank Cifaldi
弗兰克·西纳特拉 Frank Sinatra
弗雷德·萨维奇 Fred Savage
弗洛朗·戈杰斯 Florent Gorges

G

盖布·德拉姆 Gabe Durham
盖尔·蒂尔登 Gail Tilden
绀野秀树 Hideki Konno
宫本茂 Shigeru Miyamoto
古斯塔夫·霍尔斯特 Gustav Holst

H

哈罗德·戈德堡 Harold Goldberg
横井军平 Gunpei Yokoi
亨利·吉尔伯特 Henry Gilbert
亨利·詹金斯 Henry Jenkins
荒川实 Minoru Arakawa
霍华德·菲利普斯 Howard Phillips

J

J. C. 赫茨 J. C. Herz
吉恩·西蒙斯 Gene Simmons
吉勒·古兹·德·圣马丁
Gilles Gouze de St. Martin
贾恩卡洛·贝洛托 Giancarlo Bellotto
贾尼丝·乔根森 Janice Jorgensen
贾斯廷·卡塞尔 Justine Cassell
江口胜也 Katsuya Eugchi
杰顿·格拉切夫齐 Jeton Grajqevci
杰夫·里克尔 Jeff Rickel
杰夫·瑞安 Jeff Ryan
杰克·热普卡 Jake Rzepka
杰里米·帕里什 Jeremy Parish
杰斯珀·尤尔 Jesper Juul
近藤浩治 Koji Kondo
井上理 Osamu Inoue

K

K. J. 唐纳利 K. J. Donnelly
卡罗琳·克劳福德 Caroline Crawford

凯蒂·萨伦 Katie Salen
凯尔·奥兰德 Kyle Orland
凯特·帕特里奇 Kate Partridge
凯文·王 Kevin Wong
柯尔斯滕·克洛德费尔特
Kirsten Clodfelter
科比·迪拉德 Corbie Dillard
克里斯·科勒 Chris Kohler
克里斯·希金斯 Chris Higgins
克里斯蒂安·纳特 Christian Nutt
克里斯蒂娜·贝尔 Kristina Bell
克里斯托弗·莫耶 Christopher Moyer
肯·鲍曼 Ken Baumann

L

拉斐尔·卢卡斯 Raphaël Lucas
拉塞尔·德马里亚 Rusel DeMaria
莱米·凯尔密斯特 Lemmy Kilmister
劳里·N. 泰勒 Laurie N. Taylor
雷蒙德·罗埃尔 Raymond Roel
雷切尔·卢索斯 Rachael Lussos
林戈·斯塔尔 Ringo Starr
鲁斯·麦克劳克林 Rus McLaughlin
路德维希·范·贝多芬
Ludwig van Beethoven
伦纳德·J. 保罗 Leonard J. Paul
罗杰·莫斯利 Roger Moseley
罗伊·奥比森 Roy Orbison

M

马丁·莫齐纳 Martin Mozina

马贾兹·本茨 Matja Bunc

马克·J. P. 沃尔夫 Mark J. P. Wolf

马特·阿尔特 Matt Alt

马特·巴顿 Matt Barton

马特·里甘 Matt Regan

玛丽·富勒 Mary Fuller

迈克·爱泼斯坦 Mike Epstein

迈克·罗思 Mike Roth

迈克尔·P. 威廉斯 Michael P. Williams

米哈伊·奇克森特米哈伊
Mihaly Csikszentmihalyi

米米 Mimi

米朗·布瓦尔 Miran Brvar

摩根·罗明 Morgan Romine

木村浩之 Hiroyuki Kimura

N

内森·伯奇 Nathan Birch

妮科尔·拉扎罗 Nicole Lazzaro

尼尔·勒纳 Neil Lerner

尼克·保姆加滕 Nick Paumgarten

尼克·斯威尼 Nick Sweeney

诺兰·布什内尔 Nolan Bushnell

O

欧内斯特·迪希特 Ernest Dichter

P

帕特里克·柯里 Patrick Curry

帕特里夏·M. 格林菲尔德
Patricia M. Greenfield

Q

齐木彩（音译）Aya Saiki

乔恩·欧文 Jon Irwin

乔纳森·文德尔 Johnathan Wendel

R

瑞安·马特森 Ryan Mattson

瑞安·普卢默 Ryan Plummer

瑞安·汤普森 Ryan Thompson

S

萨拉·卡茨 Sarah Katz

萨姆·斯劳特 Sam Slaughter

塞缪尔·克莱本 Samuel Claiborn

莎伦·舍曼 Sharon Sherman

山内溥 Hiroshi Yamauchi

山内房治郎 Fusajiro Yamauchi

山崎功 Isao Yamakazi

史蒂夫·琼斯 Steve Jones

史蒂夫·斯温克 Steve Swink

史蒂文·肯特 Steven Kent

史蒂文·约翰逊 Steven Johnson

手冢卓志 Takashi Tezuka

斯蒂芬·霍尔 Stefan Hall

斯蒂芬妮·S. 范德文特
Stephanie S. VanDeventer
斯彭斯 Spence

T
汤姆·比斯尔 Tom Bissell
特里斯坦·多诺万 Tristan Donovan
提姆·布恩 Tim Boone
田边贤辅 Kensuke Tanabe

W
威廉·奥迪罗 William Audureau
威廉·吉本斯 William Gibbons
威廉·莎士比亚 William Shakespeare
温迪·O, 威廉斯 Wendy O. Williams

X
西瓦尔·马萨纳特 Siwar Masannat
肖恩·芬提 Sean Fenty
小拉里·穆伦 Larry Mullen Jr.
小莫顿·道尼 Morton Downey Jr.

Y
岩田聪 Satoru Iwata
伊基·波普 Iggy Pop
伊丽莎白·毕晓普 Elizabeth Bishop
约翰·哈里森 John Harrison
约翰·赫伊津哈 Johan Huizinga
约翰尼·李·威尔逊 Johnny Lee Wilson
约里斯·多尔曼斯 Joris Dormans
约瑟夫·M. 欧文斯 Joseph M. Owens

Z
扎克·惠伦 Zach Whalen
斋藤明宏 Akihiro Saito
詹姆斯·A. 怀特 James A. White
詹姆斯·克拉伦登 James Clarendon
珍妮·B. 芬克 Jeanne B. Funk
珍妮·欧文·扬斯 Jenny Owen Youngs
中乡俊彦 Toshihiko Nakago
朱迪·布洛特尼克 Judy Blotnick
朱迪斯·巴特勒 Judith Butler
朱利安·里格纳尔 Julian Rignall

著作权合同登记号：01-2018-4759

图书在版编目(CIP)数据

超级马力欧兄弟3 / （美）艾莉斯·诺尔著；林延平译. —— 北京 ：新星出版社，2018.8
ISBN 978-7-5133-2786-2

Ⅰ．①超… Ⅱ．①艾… ③林… Ⅲ．①电子游戏－研究 Ⅳ．①G898.3

中国版本图书馆CIP数据核字(2018)第049370号

超级马力欧兄弟 3

[美] 艾莉斯·诺尔 著　林延平 译

策划编辑：张立宪
责任编辑：汪　欣
责任印制：韦　舰

出版发行：新星出版社
出 版 人：马汝军
社　　址：北京市西城区车公庄大街丙3号楼　100044
网　　址：www.newstarpress.com
电　　话：010-88310888
传　　真：010-65270449
法律顾问：北京市岳成律师事务所
经销电话：010-57268861
官方网站：www.duku.cn
邮购地址：北京市海淀区万寿路邮局67号信箱　100036
印　　刷：深圳当纳利印刷有限公司
开　　本：787mm×1092mm　1/32
印　　张：6.25
字　　数：80千
版　　次：2018年8月第一版　2018年8月第一次印刷
书　　号：ISBN 978-7-5133-2786-2
定　　价：32.00元